Rudolf von Jhering

Der Kampf um das Recht

Rudolf von Jhering

Der Kampf um das Recht

ISBN/EAN: 9783743694880

Hergestellt in Europa, USA, Kanada, Australien, Japan

Cover: Foto ©Suzi / pixelio.de

Weitere Bücher finden Sie auf **www.hansebooks.com**

Der

Kampf um's Recht.

Von

Dr. Rudolf von Ihering,

kgl. preuss. Geh. Justizrath und Professor an der Universität Göttingen.

MOTTO:

Im Kampfe sollst du dein Recht finden.

Achte Auflage.

Wien, 1886.

Manz'sche k. k. Hof-Verlags- und Univ.-Buchhandlung.

I. Kohlmarkt 7.

Seiner verehrten Freundin

der Frau Professor

Auguste von Littrow-Bischoff

als Erinnerungsblatt

dauernder Dankbarkeit und Anhänglichkeit

bei seinem Abschiede von Wien (1872)

überreicht

vom Verfasser.

Vorrede.

Im Frühjahr 1872 hielt ich in der juristischen Gesellschaft in Wien einen Vortrag, den ich im Sommer desselben Jahres in wesentlich erweiterter und auf das grössere Lesepublikum berechneter Gestalt unter dem Titel ‚Der Kampf um's Recht' der Oeffentlichkeit übergab. Der Zweck, der mich bei Ausarbeitung und Veröffentlichung der Schrift leitete, war von Haus aus weniger ein theoretischer als ein ethisch-praktischer, weniger darauf gerichtet, die wissenschaftliche Erkenntniss des Rechts, als diejenige Gesinnung zu fördern, aus der dasselbe seine letzte Kraft schöpfen muss: die der muthigen und standhaften Bethätigung des Rechtsgefühls.

Die fortgesetzten Auflagen, welche die kleine Schrift erlebt hat, gelten mir als Beweis, dass sie ihre ersten Erfolge nicht dem Reiz der Neuheit verdankt hat, sondern der Ueberzeugung des grösseren Publikums von der Richtigkeit der in ihr verfochtenen Grundansicht. Darin bestärkt mich auch das Zeugniss des Auslandes, das sich in der überaus grossen Zahl von Uebersetzungen der Schrift kundgibt.

Im Jahre 1874 erschienen an Uebersetzungen:

1. eine ungarische von G. Wenzel, Pest;
2. eine russische in einer in Moskau erscheinenden juristischen Zeitschrift von einem Ungenannten;

3. eine zweite russische Uebersetzung von Wolkoff, Moskau;

4. eine neugriechische von M. A. Lappas, Athen;

5. eine holländische von G. A. van Hamel, Leyden;

6. eine rumänische in der in Bukarest erscheinenden Zeitung Romannlu (24. Juni u. ff.);

7. eine serbische von Christic, Belgrad.

Im Jahre 1875:

8. eine französische von A. F. Meydieu, Wien und Paris;

9. eine italienische von Raffaele Mariano, Mailand und Neapel;

10. eine dänische von C. G. Graebe, Kopenhagen;

11. eine czechische von einem Ungenannten, Brünn;

12. eine polnische von A. Matakiewicz, Lemberg;

13. eine croatische von H. Hinkovic, zuerst in der Zeitschrift Pravo, dann selbstständig erschienen, Agram.

Im Jahre 1879:

14. eine schwedische Uebersetzung von Ivar Afzelius, Upsala;

15. eine englische von John J. Lalor in Chicago, wovon inzwischen eine zweite Auflage veranstaltet sein soll.

Im Jahre 1881:

16. eine spanische Uebersetzung von Adolfo Poseda y Biasca, Madrid.

Im Jahre 1883:

17. eine zweite spanische von Alfonso de Pando y Gomez, Madrid;

18. eine zweite englische von Philip A. Asworth. London.

Im gegenwärtigen Jahre steht bevor:

19. eine littauische von J. Maswersit in Mitau.

In den späteren Ausgaben und so auch in der gegenwärigen habe ich in stylistischer Beziehung manches geändert und den früheren Anfang der Schrift gänzlich fortgelassen, da er einen Gedanken aussprach, der bei dem knappen Raum, der ihm hier gegönnt war, weder für den Laien recht verständlich, noch für den Juristen sonderlich förderlich war. Ob ich nicht bei der Verbreitung, welche die Schrift in Laienkreisen gefunden hat, alle diejenigen Partieen hätte auslassen sollen, welche mehr den Juristen als den Laien im Auge haben, wie insbesondere den Schlussabschnitt über das römische Recht und die moderne Theorie desselben (S. 75 u. ff.), weiss ich nicht. Hätte ich die Popularität, welche dieser Schrift beschieden war, ahnen können, so würde ich ihr von vornherein eine andere Gestalt gegeben haben, allein hervorgegangen, wie sie war, aus einem Vortrage vor Juristen, ist sie ihrer ursprünglichen Anlage nach in erster Linie auf letztere berechnet worden, und ich glaubte daran nichts ändern zu sollen, da der Umstand sich der Verbreitung in Laienkreisen nicht hinderlich erwiesen hat.

In der Sache selbst habe ich in allen späteren Auflagen nichts geändert. Die Grundidee meiner Schrift betrachte ich nach wie vor für so zweifellos richtig und unumstösslich, dass ich jedes Wort gegen diejenigen, welche dieselbe bestreiten, für ein verlorenes erachte. Wer nicht fühlt, dass, wenn sein Recht in schnöder

Weise missachtet und mit Füssen getreten wird, nicht
lediglich der Gegenstand desselben, sondern seine eigene
Person auf dem Spiele steht, wer in einer solchen Lage
den Drang, sich und sein gutes Recht zu behaupten,
nicht empfindet, dem ist eben nicht zu helfen, und ich
habe kein Interesse daran, ihn zu bekehren. Es ist
ein Typus, den man einfach als Thatsache anerkennen
muss, der des Rechtsphilisters, wie ich ihn taufen
möchte; hausbackener Egoismus und Materialismus sind
die Züge, welche ihn kennzeichnen. Er müsste nicht
der Sancho Pansa des Rechts sein, wenn er nicht in
Jedem, der bei der Behauptung seines Rechts Interessen
anderer Art als die des Schnappsackes verfolgt, einen
Don Quixote erblickte. Für ihn habe ich kein anderes
Wort als das mir erst nach dem Erscheinen der Schrift
bekannt gewordene von Kant: „wer sich zum Wurm
macht, kann nachher nicht klagen, wenn er mit Füssen
getreten wird."*) An einer andern Stelle (S. 185 das.)
nennt Kant dies „Wegwerfung seiner Rechte unter
die Füsse Anderer, Verletzung der Pflicht des
Menschen gegen sich selbst", und aus der „Pflicht
in Beziehung auf die Würde der Menschheit in uns"
entnimmt er die Maxime: „Lasst euer Recht nicht un-
geahndet von Andern mit Füssen treten." Es ist derselbe Gedanke, den ich in meiner Schrift weiter ausgeführt habe; er ist allen kräftigen Individuen und
Völkern ins Herz geschrieben und tausendfältig ausgesprochen. Das einzige Verdienst, welches ich bean-

---

*) Kant, Metaphysische Anfangsgründe der Tugend-
lehre, Aufl. 2. Kreuznach 1800, S. 133.

spruchen kann, besteht darin, diesen Gedanken systematisch begründet und genauer ausgeführt zu haben.

Einen interessanten Beitrag zu meiner Schrift hat geliefert Dr. A. Schmiedl, Die Lehre vom Kampf um's Recht im Verhältniss zu dem Judenthum und dem ältesten Christenthum. Wien 1875. Der Ausspruch der jüdischen Rechtslehrer, den er S. 15 anführt: „Ob das Rechtsobject ein Pfennig ist oder hundert Gulden, das sei gleich in Deinen Augen" stimmt mit dem, was ich S. 18 entwickelt habe, völlig überein. Eine dichterische Bearbeitung des Themas hat gegeben Karl Emil Franzos in seinem Roman: ‚Der Kampf ums Recht', über den ich mich in der Schrift selber (S. 65) ausgesprochen habe. Der Besprechungen, welche meine Schrift in der Literatur des Inlandes wie des Auslandes gefunden hat, sind so ausserordentlich viele, dass ich von der Nahmhaftmachung derselben Abstand nehme.

Indem ich nun der Schrift selber es überlasse, den Leser von der Richtigkeit der Auffassung, die sie vertheidigt, zu überzeugen, beschränke ich mich hier darauf, diejenigen, welche sich berufen halten, mich zu widerlegen, um zweierlei zu bitten. Einmal darum, dass sie es nicht in der Weise thun, dass sie meine Ansichten vorher entstellen und verdrehen, mich dem Zank und Streit, der Process- und Rauflust das Wort reden lassen, während ich doch den Kampf um das Recht keineswegs bei jedem Streit, sondern nur da verlange, wo der Angriff auf das Recht zugleich eine Missachtung der Person enthält (S. 22, 23 der Schrift). Die Nachgiebigkeit und Versöhnlichkeit, die Milde und Friedfertigkeit, der Vergleich und der Verzicht auf

Geltendmachung des Rechts finden auch in meiner Theorie vollauf den ihnen gebürenden Platz; wogegen sie sich erklärt, ist lediglich die unwürdige Erduldung des Unrechts aus Feigheit, Bequemlichkeit, Indolenz.

Das zweite, was ich begehre, ist dies, dass derjenige, dem es Ernst ist, sich über meine Theorie klar zu werden, den Versuch mache, der positiven Formel des praktisehen Verhaltens, die sie entwickelt, seinerseits eine andere positive Formel gegenüberzustellen; er wird dann bald inne werden, wohin er gelangt. Was soll der Berechtigte thun, wenn sein Recht mit Füssen getreten wird? Wer darauf eine von der meinigen abweichende haltbare, d. h. mit dem Bestehen der Rechtsordnung und der Idee der Persönlichkeit verträgliche Antwort ertheilen kann, hat mich geschlagen; wer das nicht vermag, hat nur die Wahl, entweder sich zu mir zu bekennen oder sich mit jener Halbheit zu begnügen, die das Kennzeichen aller unklaren Geister bildet, bei der man es nur zum Missfallen und zur Negation, nicht aber zur eigenen Ansicht bringt. Bei rein wissenschaftlichen Fragen mag man sich bescheiden, einfach den Irrthum zu widerlegen, auch wenn man nicht im Stande ist, die positive Wahrheit dafür an die Stelle zu setzen, aber bei praktischen Fragen, wo feststeht, dass gehandelt werden muss, und wo es nur darauf ankommt, wie gehandelt werden soll, reicht es nicht aus, die von einem Andern gegebene positive Anweisung als unrichtig abzulehnen, sondern man muss sie durch eine andere ersetzen. Ich warte ab, ob dies in Bezug auf die von mir gegebene geschehen wird, bis jetzt ist auch nicht der leiseste Ansatz dazu gemacht worden.

Nur über einen Nebenpunkt, der mit meiner Theorie als solcher gar nichts zu schaffen hat, verstatte man mir zum Schluss einige Worte, da er selbst von solchen beanstandet wird, mit denen ich mich im übrigen in Einklang befinde. Es ist meine Behauptung über das dem Shylock zugefügte Unrecht. (S. 58 c. ff.)

Nicht d a s hatte ich behauptet, dass der Richter den Schein des Shylock hätte für gültig anerkennen sollen, sondern dass, wenn er es einmal gethan, er ihn hinterher bei der Verwirklichung des Richterspruchs nicht durch schnöde List wieder vereiteln durfte. Der Richter hatte die Wahl, den Schein für gültig oder für ungültig zu erklären. Er that ersteres, und Shakespeare stellt die Sache so dar, als ob diese Entscheidung dem Recht nach die einzig mögliche gewesen sei. Niemand in Venedig zweifelte an der Gültigkeit des Scheines; die Freunde des Antonio, Antonio selber, der Doge, das Gericht, alles war einverstanden, dass der Jude in seinem Recht sei.*) Und in diesem sichern

---

*) Akt III, Sc. 3. Antonio: Der Doge kann des R e c h t e s Lauf nicht hemmen. Denn u. s. w. Akt IV, Sc. 1, Doge: Es thut mir Leid um Dich. Antonio: — — weil k e i n gesetzlich Mittel seinem Hass mich kann entziehen. Portia: — — dass das Gesetz Venedigs Euch nicht anfechten kann. Es darf nicht sein. Kein Ansehn in Venedig vermag ein gültiges Gesetz zu ändern. — Des Gesetzes Inhalt und Bescheid hat volle Uebereinkunft mit der Busse, die hier im Schein als schuldig wird erkannt. — Ein Pfund von dieses Kaufmanns Fleisch ist dein. Der Hof erkennt es, und das Recht ertheilt es. — Also der Rechtssatz, dem zufolge der Schein volle Gültigkeit hat, das jus in thesi, ist nicht bloss durch allgemeine Zustimmung als

Vertrauen auf sein allgemein anerkanntes Recht ruft
Shylock die Hülfe des Gerichtes an, und der „weise
Daniel", nachdem er vorher vergebens den Versuch
gemacht hat, den nach Rache lechzenden Gläubiger
zum Verzicht auf sein Recht zu bestimmen, erkennt
letzteres an. Und jetzt, nachdem der Richterspruch
gefällt ist, nachdem jeder Zweifel über das Recht des
Juden durch den Richter selbst beseitigt ist, kein
Widerspruch gegen dasselbe mehr laut zu werden wagt,
nachdem die ganze Versammlung, den Dogen mit inbe-
begriffen, sich dem unabwendbaren Spruch des Rechts
gefügt hat — jetzt, als der Sieger, seiner Sache vollkommen sicher, vornehmen will, wozu ihn das Urtheil
ermächtigt, vereitelt ihm derselbe Richter, der sein
Recht feierlich anerkannt hat, dasselbe durch einen
Einwand, einen Kniff so elender und nichtiger Art,
dass er gar keiner ernstlichen Widerlegung werth
ist. Gibt es Fleisch ohne Blut? Der Richter, welcher
dem Shylock das Recht zusprach, ein Pfund Fleisch aus
dem Leibe des Antonio auszuschneiden, erkannte ihm
damit auch das Blut zu, ohne welches das Fleisch nicht

---

völlig zweifellos anerkannt, sondern das Urtheil, das jus
in hypothesi, ist bereits gesprochen, um dann — der
Jurist würde sagen: in der Executionsinstanz — vom Richter
selber durch schnöde Tücke vereitelt zu werden. Ebenso
gut könnte ein Richter den Schuldner zur Zahlung verur-
theilen und in der Executionsinstanz dem Gläubiger
aufgeben, dass er das Geld mit den Händen aus einem
Hochofen herausholen, oder wenn der Schuldner ein Dach-
decker wäre, auf der Thurmspitze, wenn er ein Taucher wäre,
auf dem Meeresgrund in Empfang nehmen müsse, da über
den Ort der Zahlung im Schuldschein nichts ausgemacht sei!

sein kann, und wer das Recht hat, ein Pfund zu schneiden, kann, wenn er will, auch weniger nehmen. Beides wird dem Juden versagt, er soll nur Fleisch nehmen ohne Blut und nur ein genaues Pfund ausschneiden, nicht mehr und nicht weniger. Habe ich zuviel gesagt, dass der Jude hier um sein Recht betrogen wird? Allerdings geschieht es im Interesse der Menschlichkeit, aber hört Unrecht, begangen im Interesse der Menschlichkeit, auf Unrecht zu sein? Und wenn einmal der Zweck das Mittel heiligen soll, warum nicht bereits i m, warum erst nach dem Richterspruch?

Dem Widerspruch gegen die hier und in der Schrift selber vertheidigte Ansicht, der schon seit dem ersten Erscheinen derselben mehrfältig laut geworden ist, haben seit dem Erscheinen der sechsten Auflage (1880) zwei Juristen in eigenen kleinen Schriften Worte geliehen. Die eine ist die von A. Pietscher, Landgerichtspräsident: „Jurist und Dichter, Versuch einer Studie über Ihering's Kampf um's Recht und Shakespeare's Kaufmann von Venedig. Dessau 1881." Ich gebe den Kern der Ansicht des Verfassers mit seinen eigenen Worten (S. 23) wieder: „Besiegung der List durch grössere List, der Schelm wird in seiner eigenen Schlinge gefangen." Mit dem ersten Glied dieses Satzes gibt er nur meine eigene Ansicht wieder; ich hatte nichts anders behauptet, als dass Shylock durch List um sein Recht betrogen werde, aber darf und soll das Recht zu einem solchen Mittel seine Zuflucht nehmen? Darauf ist der Verfasser die Antwort schuldig geblieben, und ich bezweifle, dass er als Richter ein solches Mittel anwenden würde. Was den zweiten Theil des Satzes

anbetrifft, so frage ich: wenn einmal das Gesetz
Venedigs einen solchen Schein für gültig erklärte, war
der Jude darum ein Schelm, weil er es anrief, und
wenn darin eine Schlinge zu erblicken, fiel die Verantwortlichkeit auf ihn oder auf das Gesetz? Mit einer
solchen Deduction wird meine Ansicht nicht widerlegt,
sondern bekräftigt. Einen andern Weg schlägt die
zweite Schrift ein, sie ist von Jos. Kohler, Professor
in Würzburg: Shakespeare vor dem Forum der Jurisprudenz. Würzburg 1883. Ihm zufolge enthält die
Gerichtsscene im Kaufmann von Venedig „die Quintessenz vom Wesen und Werden des Rechts in ihrem
Schoosse und enthält eine tiefere Jurisprudenz als zehn
Pandektenlehrbücher und eröffnet uns einen tieferen Blick
in die Geschichte des Rechts als alle rechtshistorischen
Werke von Savigny bis auf Ihering" (S. 6). Hoffen
wir, dass von diesem phänomenalen Verdienst Shake-
speares um die Jurisprudenz ein Theil auf den Columbus
entfällt, der diese neue Welt des Rechts, von deren
Dasein die ganze Jurisprudenz bisher keine Kunde
hatte, zuerst entdeckt hat — nach den Regeln vom
Finden des Schatzes würde ihm die Hälfte gebüren,
ein Lohn, mit dem er bei dem unermesslichen Werth,
den er demselben zuschreibt, schon zufrieden sein könnte.
Ich muss es dem Leser überlassen, sich über „die Fülle
von juristischen Ideen, die Shakespeare über das Stück
ergossen hat" (S. 92), aus der Schrift selber zu be-
lehren, wenn ich auch nicht gerade die Verantwortlichkeit übernehmen möchte, die rechtsbeflissene Jugend
zu der Portia in die Schule zu schicken, bei der das
neue Evangelium des Rechts zu holen ist. Aber im

übrigen die Portia in allen Ehren! Ihr Spruch „ist
der Sieg des geläuterten Rechtsbewusstseins über die
finstere Nacht, welche auf dem bisherigen Rechts-
zustande lastete, es ist der Sieg, der sich hinter Schein-
gründen versteckt, der die Larve falscher Motivirung
annimmt, weil sie nothwendig ist; aber es ist ein Sieg,
ein grosser, ein gewaltiger Sieg: ein Sieg nicht etwa
bloss in dem einzelnen Process, ein Sieg in der Rechtsgeschichte überhaupt, es ist die Sonne des Fortschrittes,
die wieder einmal ihre erwärmenden Strahlen in die
Gerichtsstätte geworfen hat, und das Reich Sarastros
triumphirt über die Mächte der Nacht." Der Portia
und dem Sarastro, an deren Namen der Beginn der
neuen durch unsern Verfasser inaugurirten Jurisprudenz
sich knüpft, haben wir noch den Dogen hinzuzufügen,
der bis dahin noch in den Banden der „bisherigen
Jurisprudenz" befangen und „den Mächten der Nacht"
verfallen, durch das erlösende Wort der Portia befreit
wird und zur Erkenntniss der „weltgeschichtlichen"
Mission gelangt, die auch ihm dabei zufiel. Er macht
sein früheres Versäumniss gründlich wieder gut. Zuerst,
indem er den Shylock des Tödtungsversuches für schuldig
erklärt. „Wenn darin auch eine Ungerechtigkeit vor-
liegt, so ist doch eine solche Ungerechtigkeit welthistorisch vollkommen begründet, sie ist eine welthistorische
Nothwendigkeit, und in der Aufnahme dieses Elements
hat Shakespeare als Rechtshistoriker sich selber über-
troffen. — — Dass Shylock nicht nur abgewiesen, sondern auch bestraft wird, ist nöthig, um den Sieg zu
krönen, mit dem die neue Rechtsidee verklärend eintritt" (S. 95). Sodann indem er den Juden verurtheilt,

Christ zu werden. Auch „diese Forderung enthält eine universalhistorische Wahrheit. Die Forderung ist für unser Gefühl verwerflich und der Freiheit des Bekenntnisses widersprechend, allein sie entspricht dem Gange der Weltgeschichte, welche Tausende nicht mit dem milden Wort der Bekehrung, sondern mit dem Winke des Henkers in das Lager eines Bekenntnisses getrieben hat" (S. 96). Das sind die „erwärmenden Strahlen, welche die Sonne des Fortschritts in die Gerichtsstätte wirft" — die Juden und Ketzer haben ihre erwärmende Kraft einst auf den Scheiterhaufen des Torquemada kennen lernen! So triumphirt das Reich des Sarastro über die Mächte der Nacht. Eine Portia, welche als weiser Daniel das bisherige Recht über den Haufen stürzt, ein Doge, welcher ihren Spuren folgt, ein für die „tiefere Jurisprudenz und die Quintessenz vom Wesen und Werden des Rechts" empfänglicher Jurist, welcher mit der Formel „welthistorisch" ihre Sprüche rechtfertigt — und alles ist gemacht! Das ist das „Forum der Jurisprudenz", vor das der Verfasser mich geladen hat. Er muss es sich schon gefallen lassen, wenn ich ihm dahin nicht folge, es steckt noch zu viel von der alten Jurisprudenz aus den „Pandektenlehrbüchern" in mir, um die neue Aera der Jurisprudenz, die er uns erschliesst, mitmachen zu können, und ich werde mich auch auf dem Gebiet der Rechtsgeschichte in der Verfolgung meines bisherigen Weges durch die niederschmetternde Erfahrung nicht irre machen lassen, dass ich, wenn ich nur mit dem Scharfblick jenes Schriftstellers ausgerüstet gewesen wäre, dem Kaufmann von Venedig tiefere Blicke in das Werden des Rechts hätte entnehmen können, als allen Quellen des positiven Rechts und der ganzen rechtsgeschichtlichen Literatur unseres Jahrhunderts von Savigny bis auf die Gegenwart.

Eine Besprechung der in Chicago erschienenen englischen Uebersetzung meiner Schrift in dem amerikanischen Journal: Albany Law Journal vom 27. Dec. 1879 hat mich von der Thatsache in Kenntniss gesetzt, dass dieselbe Ansicht, die ich über das Urtheil der Portia in meiner Schrift verfochten habe, bereits vor mir in einem früheren Jahrgange dieser Zeitschrift von einem Mitarbeiter derselben ausgesprochen worden ist, und der Verfasser des Artikels weiss sich diese Uebereinstimmung nicht anders zu erklären, als durch Annahme eines Plagiats meinerseits ("gestohlen" drückt er sich in nicht eben verbindlicher Weise aus.) Ich habe dem deutschen Publikum diese interessante Entdeckung nicht vorenthalten wollen, es ist das Aeusserste, was wohl je im Punkt der Plagiate geleistet worden ist, denn ich hatte zur Zeit, als ich das meinige verübte, die Zeitschrift weder je vor Augen, noch von ihrer Existenz Kunde gehabt. Vielleicht erfahre ich später dass auch meine Schrift nicht von mir selber verfasst, sondern von mir aus der in Amerika erschienenen englischen Uebersetzung in's Deutsche übertragen worden ist. Die Redaction des Albany Journal hat übrigens auf eine Entgegnung meinerseits das Ganze in einer spätern Nummer (Nr. 9 am 28. Februar 1880) für einen Scherz erklärt — wunderliche Scherze, an denen man jenseits des Oceans sein Vergnügen findet.

Göttingen, 3. October 1883.

Dr. Rudolf von Ihering.

Das Ziel des Rechts ist der Friede, das Mittel dazu der Kampf. So lange das Recht sich auf den Angriff von Seiten des Unrechts gefasst halten muss — und dies wird dauern, so lange die Welt steht — wird ihm der Kampf nicht erspart bleiben. Das Leben des Rechts ist Kampf, ein Kampf der Völker, der Staatsgewalt, der Stände, der Individuen.

Alles Recht in der Welt ist erstritten worden, jeder wichtige Rechtssatz hat erst denen, die sich ihm widersetzten, abgerungen werden müssen, und jedes Recht, sowohl das Recht eines Volkes wie das eines Einzelnen, setzt die stetige Bereitschaft zu seiner Behauptung voraus. Das Recht ist nicht blosser Gedanke, sondern lebendige Kraft. Darum führt die Gerechtigkeit, die in der einen Hand die Wagschale hält, mit welcher sie das Recht abwägt, in der andern das Schwert, mit dem sie es behauptet. Das Schwert ohne die Wage ist die nackte Gewalt, die Wage ohne das Schwert die Ohnmacht des Rechts. Beide gehören zusammen, und ein vollkommener Rechtszustand herrscht nur da, wo die Kraft, mit welcher die Gerechtigkeit das Schwert führt, der Geschicklichkeit gleichkommt, mit der sie die Wage handhabt.

Recht ist unausgesetzte Arbeit und zwar nicht etwa bloss der Staatsgewalt, sondern des ganzen Volkes. Das gesammte Leben des Rechts, mit einem Blicke überschaut, vergegenwärtigt uns dasselbe Schauspiel rastlosen Ringens und Arbeitens einer ganzen Nation, welches ihre Thätigkeit auf dem Gebiete der ökonomischen und geistigen Production gewährt. Jeder Einzelne, der in die Lage kommt, sein Recht behaupten zu müssen, übernimmt an dieser nationalen Arbeit seinen Antheil, trägt sein Scherflein bei zur Verwirklichung der Rechtsidee auf Erden.

Freilich nicht an Alle tritt diese Anforderung gleichmässig heran. Unangefochten und ohne Anstoss verläuft das Leben von Tausenden von Individuen in den geregelten Bahnen des Rechts, und würden wir ihnen sagen: Das Recht ist Kampf — sie würden uns nicht verstehen, denn sie kennen dasselbe nur als Zustand des Friedens und der Ordnung. Und vom Standpunkt ihrer eigenen Erfahrung haben sie vollkommen Recht, ganz so wie der reiche Erbe, dem mühelos die Frucht fremder Arbeit in den Schoos gefallen ist, wenn er den Satz: Eigenthum ist Arbeit, in Abrede stellt. Die Täuschung Beider hat ihren Grund darin, dass die zwei Seiten, welche sowohl das Eigenthum wie das Recht in sich schliessen, subjectiv in der Weise auseinanderfallen können, dass dem Einen der Genuss und der Friede, dem Andern die Arbeit und der Kampf zu Theil wird.

Das Eigenthum wie das Recht ist eben ein Januskopf mit einem Doppelantlitz; Einigen kehrt er bloss die eine Seite, Andern bloss die andere Seite zu, daher die völlige Verschiedenheit des Bildes, das beide von ihm empfangen. In Bezug auf das Recht gilt dies wie von einzelnen Individuen, so auch von ganzen Zeitaltern. Das Leben des einen ist Krieg, das Leben des andern Friede, und die Völker sind durch diese Verschiedenheit der subjectiven Vertheilung beider ganz derselben Täuschung ausgesetzt, wie die Individuen. Eine lange Periode des Friedens — und der Glaube an den ewigen Frieden steht in üppigster Blüthe, bis der erste Kanonenschuss den schönen Traum verscheucht, und an die Stelle eines Geschlechts, das mühelos den Frieden genossen hat, ein anderes tritt, welches sich ihn durch die harte Arbeit des Krieges erst wieder verdienen muss. So vertheilt sich beim Eigenthum wie beim Recht Arbeit und Genuss, aber für den Einen, der geniesst und im Frieden dahinlebt, hat ein Anderer arbeiten und kämpfen müssen. Der Frieden ohne Kampf, der Genuss ohne Arbeit gehören der Zeit des Paradieses an, die Geschichte kennt beide nur als Ergebnisse unablässiger, mühseliger Anstrengung.

Diesen Gedanken, dass der Kampf die Arbeit des Rechts ist und in Bezug auf seine praktische Nothwendigkeit sowohl wie seine ethische Würdigung auf dieselbe Linie mit der Arbeit beim Eigenthum zu stellen ist, gedenke ich im Folgenden weiter auszuführen. Ich glaube damit kein überflüssiges Werk zu thun, im Gegentheil eine Unterlassungssünde gut zu machen, die sich unsere Theorie [ich meine nicht bloss die Rechtsphilosophie, sondern auch die positive Jurisprudenz] hat zu Schulden kommen lassen. Man merkt es unserer Theorie nur zu deutlich an, dass sie sich mehr mit der

Wage als mit dem Schwert der Gerechtigkeit zu be-
schäftigen hat; die Einseitigkeit des rein wissenschaftlichen Standpunktes, von dem aus sie das Recht betrachtet, und der sich kurz dahin zusammenfassen lässt,
dass er ihr das Recht weniger von seiner realistischen
Seite als Machtbegriff, als vielmehr von seiner logischen
Seite als System abstracter Rechtssätze vor Augen führt,
hat meines Erachtens ihre ganze Auffassung vom Recht
in einer Weise beeinflusst, die zu der rauhen Wirklichkeit des Rechts gar wenig stimmt — ein Vorwurf,
für den der Verlauf meiner Darstellung es an Belegen
nicht fehlen lassen wird.

Der Ausdruck Recht wird bekanntlich in doppeltem
Sinn gebraucht, in objectivem und in subjectivem.
Recht im objectiven Sinn ist der Inbegriff der durch
den Staat gehandhabten Rechtsgrundsätze, die gesetz-
liche Ordnung des Lebens, Recht im subjectiven Sinn
die concrete Ausmündung der abstracten Regel in eine
concrete Berechtigung der Person. In beiden Richtungen
begegnet das Recht dem Widerstand, in beiden Richtungen hat es ihn zu bewältigen, d. h. sein Dasein im
Wege des Kampfes zu erstreiten oder zu behaupten.
Als eigentlichen Gegenstand meiner Betrachtung habe
ich mir den Kampf in der zweiten Richtung ausersehen,
aber ich darf nicht unterlassen, meine Behauptung, dass
der Kampf im Wesen des Rechts liegt, auch in der
ersteren Richtung als richtig zu erweisen.

Unbestritten und darum einer weiteren Ausführung
nicht bedürftig ist dies in Bezug auf die Verwirklichung des Rechts von Seiten des Staats; die Aufrechthaltung der Rechtsordnung von seiner Seite ist

nichts als ein unausgesetzter Kampf gegen die Gesetzlosigkeit, welche sie antastet. Aber anders verhält es
sich in Bezug auf die Entstehung des Rechts, nicht
bloss die uranfängliche bei Beginn der Geschichte,
sondern die täglich unter unsern Augen sich wieder-
holende Verjüngung des Rechts, die Aufhebung be-
stehender Einrichtungen, die Beseitigung vorhandener
Rechtssätze durch neue, kurz in Bezug auf den Fort-
schritt im Recht. Denn hier steht der Ansicht von mir,
welche auch das Werden des Rechts demselben Gesetz
unterstellt, dem sein ganzes Dasein unterliegt, eine
andere gegenüber, die sich wenigstens in unserer
romanistischen Wissenschaft zur Zeit noch der allgemeinen Anerkennung erfreut, und die ich kurz nach
dem Namen ihrer beiden Hauptvertreter als die Savigny-
Puchta'sche Theorie von der Entstehung des Rechts
bezeichnen will. Ihr zufolge geht die Bildung des
Rechts ebenso unvermerkt und schmerzlos vor sich wie
die der Sprache, es bedarf keines Ringens, Kämpfens,
ja nicht einmal des Suchens, sondern es ist die still
wirkende Kraft der Wahrheit, welche ohne gewaltsame
Anstrengung langsam, aber sicher sich Bahn bricht, die
Macht der Ueberzeugung, der sich allmählig die Gemüther
erschliessen, und der sie durch ihr Handeln Ausdruck
geben — ein neuer Rechtssatz tritt eben so mühelos in's
Dasein wie irgend eine Regel der Sprache. Der Satz
des altrömischen Rechts, dass der Gläubiger den zahlungsunfähigen Schuldner als Sklaven in auswärtige Knechtschaft verkaufen, oder dass der Eigenthümer seine
Sache Jedem abstreiten konnte, bei dem er sie traf,
würde sich dieser Ansicht zufolge im alten Rom in

kaum anderer Weise gebildet haben, als die Regel, dass
cum den Ablativ regiert.

Das ist die Anschauung von der Entstehung des
Rechts, mit der ich selber seiner Zeit die Universität
verlassen, und unter deren Einfluss ich noch viele Jahre
hindurch gestanden habe. Hat dieselbe auf Wahrheit
Anspruch? Es muss zugegeben werden, dass auch das
Recht ganz wie die Sprache eine unabsichtliche und
unbewusste, nennen wir sie mit dem hergebrachten
Ausdruck: organische Entwicklung von Innen heraus
kennt. Ihr gehören alle diejenigen Rechtssätze an,
welche sich aus der gleichmässigen autonomischen Ab-
schliessung der Rechtsgeschäfte im Verkehr nach und
nach ablagern, sowie alle diejenigen Abstractionen,
Consequenzen, Regeln, welche die Wissenschaft aus dem
vorhandenen Rechte auf analytischem Wege erschliesst
und zum Bewusstsein bringt. Aber die Macht dieser
beiden Factoren: des Verkehrs wie der Wissenschaft,
ist eine beschränkte, sie kann innerhalb der vorhandenen
Bahnen die Bewegung reguliren, fördern, aber sie
kann die Dämme nicht einreissen, die dem Strome
wehren, eine neue Richtung einzuschlagen. Das kann
nur das Gesetz, d. h. die absichtliche, auf dieses Ziel
gerichtete That der Staatsgewalt, und es ist daher
nicht Zufall, sondern eine im Wesen des Rechts tief
begründete Nothwendigkeit, dass alle eingreifenden
Reformen des Processes und materiellen Rechts auf
Gesetze zurückweisen. Nun kann zwar eine Aenderung,
welche das Gesetz an dem bestehenden Rechte trifft,
ihren Einfluss möglicherweise ganz auf letzteres, auf
die Sphäre des Abstracten beschränken, ohne ihre

Wirkungen bis in den Bereich der concreten Verhältnisse hinab zu erstrecken, die sich auf Grund des bisherigen Rechts gebildet haben, — eine blosse Aenderung
der Rechtsmaschinerie, bei der eine untaugliche Schraube
oder Walze durch eine vollkommnere ersetzt wird.
Sehr häufig liegen die Dinge aber so, dass die Aenderung sich nur um den Preis eines höchst empfindlichen
Eingriffes in vorhandene Rechte und Privatinteressen
erreichen lässt. Mit dem bestehenden Recht haben sich
im Laufe der Zeit die Interessen von Tausenden von
Individuen und von ganzen Ständen in einer Weise
verbunden, dass dasselbe sich nicht beseitigen lässt,
ohne letztere in empfindlichster Weise zu verletzen;
den Rechtssatz oder die Einrichtung in Frage stellen,
heisst allen diesen Interessen den Krieg erklären, einen
Polypen losreissen, der sich mit tausend Armen fest-
geklammert hat. Jeder derartige Versuch ruft daher in
naturgemässer Bethätigung des Selbsterhaltungstriebes
den heftigsten Widerstand der bedrohten Interessen
und damit einen Kampf hervor, bei dem wie bei jedem
Kampfe nicht das Gewicht der Gründe, sondern das Macht-
verhältniss der sich gegenüberstehenden Kräfte den Ausschlag gibt und so nicht selten dasselbe Resultat hervorruft wie beim Parallelogramm der Kräfte: eine Ab-
lenkung von der ursprünglichen Linie in die Diagonale.
Nur so wird es erklärlich, dass Einrichtungen, über
welche das öffentliche Urtheil längst den Stab gebrochen
hat, oft noch lange ihr Leben zu fristen vermögen; es
ist nicht die Gewalt des historischen Beharrungsver-
mögens, welche es ihnen erhält, sondern die Widerstands-
kraft der ihren Besitzstand behauptenden Interessen.

In allen solchen Fällen nun, wo das bestehende
Recht diesen Rückhalt am Interesse findet, gilt es einen
Kampf, den das Neue zu bestehen hat, um sich den
Eingang zu erzwingen, ein Kampf, der sich oft über
ganze Jahrhunderte hinzieht. Den höchsten Grad der
Intensität erreicht derselbe dann, wenn die Interessen
die Gestalt erworbener Rechte angenommen haben.
Hier stehen sich zwei Parteien gegenüber, von denen
jede die Heiligkeit des Rechts als Wahlspruch in ihrem
Panier führt, die eine die des historischen Rechts, des
Rechts der Vergangenheit, die andere die des ewig
werdenden und sich verjüngenden Rechts, des Urrechts
der Menschheit auf stets neues Werden — ein Con-
flictsfall der Rechtsidee mit sich selber, der in Bezug
auf die Subjecte, die ihre ganze Kraft und ihr ganzes
Sein für ihre Ueberzeugung eingesetzt haben und schliesslich dem Gottesurtheil der Geschichte erliegen, den
Charakter des Tragischen annimmt. Alle grossen Er-
rungenschaften, welche die Geschichte des Rechts zu
verzeichnen hat: die Aufhebung der Sklaverei, der Leibeigenschaft, die Freiheit des Grundeigenthums, der Ge-
werbe, des Glaubens u. a. m., sie alle haben erst auf
diesem Wege des heftigsten, oft Jahrhunderte lang
fortgesetzten Kampfes erstritten werden müssen, und
nicht selten bezeichnen Ströme von Blut, überall aber
zertretene Rechte den Weg, den das Recht dabei ge-
wandelt ist. Denn „das Recht ist der Saturn, der seine
eigenen Kinder verspeist";[*] das Recht kann sich nur

---

[*] Ein Citat aus meinem „Geist des römischen Rechts"
II, 1, §. 27 (Aufl. 4, S. 70).

dadurch verjüngen, dass es mit seiner eigenen Vergangenheit aufräumt. Ein concretes Recht, das, weil
es einmal entstanden, unbegränzte, also ewige Fort-
dauer beansprucht, gleicht dem Kinde, das seinen Arm
gegen die eigene Mutter erhebt; es verhöhnt die Idee
des Rechts, indem es sie anruft, denn die Idee des Rechts
ist ewiges Werden, das Gewordene aber muss dem
neuen Werden weichen, denn

— — Alles, was entsteht,
Ist werth, dass es zu Grunde geht.

So vergegenwärtigt uns also das Recht in seiner
historischen Bewegung das Bild des Suchens, Ringens,
Kämpfens, kurz der mühseligen Anstrengung. Dem
menschlichen Geiste, der unbewusst an der Sprache
seine Bildnerarbeit verrichtet, stellt sich kein gewalt-
samer Widerstand entgegen, und die Kunst hat keinen
andern Gegner zu überwinden als ihre eigene Vergangenheit: den herrschenden Geschmack. Aber das
Recht als Zweckbegriff, mitten hineingestellt in das
chaotische Getriebe menschlicher Zwecke, Bestrebungen,
Interessen muss unausgesetzt tasten und suchen, um den
richtigen Weg zu finden, und, wenn es ihn entdeckt
hat, den Widerstand zu Boden werfen, welcher ihm denselben versperrt. So zweifellos es ist, dass auch diese
Entwicklung ganz so wie die der Kunst und Sprache
eine gesetzmässige, einheitliche ist, so sehr weicht sie
doch eben in der Art und Form, wie sie vor sich geht,
von der letzteren ab, und wir müssen daher in diesem
Sinn die von Savigny aufgebrachte und so rasch zur
allgemeinen Geltung gelangte Parallele zwischen dem
Recht auf der einen und der Sprache und Kunst auf

der andern Seite entschieden zurückweisen. Als theoretische Ansicht falsch, aber ungefährlich, enthält sie als politische Maxime eine der verhängnissvollsten Irrlehren, die sich denken lassen, denn sie vertröstet den Menschen auf einem Gebiete, wo er handeln soll, und mit vollem, klarem Bewusstsein des Zweckes und mit Aufbietung aller seiner Kräfte handeln soll, darauf, dass die Dinge sich von selber machen, dass er am besten thue, die Hände in den Schoss zu legen und vertrauensselig abzuwarten, was aus dem angeblichen Urquell des Rechts: der nationalen Rechtsüberzeugung nach und nach an's Tageslicht trete. Daher die Abneigung Savigny's und aller seiner Jünger gegen das Einschreiten der Gesetzgebung,*) daher das gänzliche Verkennen der wahren Bedeutung der Gewohnheit in der Puchta'schen Theorie des Gewohnheitsrechts. Die Gewohnheit ist für Puchta nichts als ein blosses Erkenntnissmittel der rechtlichen Ueberzeugung; dass diese Ueberzeugung sich selbst erst bildet, indem sie handelt, dass sie erst durch dies Handeln ihre Kraft und damit ihren Beruf bewährt, das Leben zu beherrschen — kurz dass auch für das Gewohnheitsrecht der Satz gilt: das Recht ist ein Machtbegriff — dafür war das Auge dieses hervorragenden Geistes völlig verschlossen. Er zahlte damit nur der Zeit seinen Tribut. Denn die Zeit war die der romantischen Periode in unserer Poesie, und wer nicht zurückschreckt vor der Uebertragung

---

*) Bis zur Caricatur getrieben von Stahl, in der in meinem „Geist des r. R." II, §. 25, Anm. 14, mitgetheilten Stelle aus einer seiner Kammerreden.

des Begriffs des Romantischen auf die Rechtswissenschaft
und sich die Mühe nehmen will, die entsprechenden
Richtungen auf beiden Gebieten mit einander zu vergleichen, wird mir nicht Unrecht geben, wenn ich behaupte, dass die historische Schule eben so gut die
romantische genannt werden könnte. Es ist eine
wahrhaft romantische, d. h. auf einer falschen Ideali-
sirung vergangener Zustände beruhende Vorstellung,
dass das Recht sich schmerzlos, mühelos, thatenlos bilde
gleich der Pflanze des Feldes; die rauhe Wirklichkeit
lehrt uns das Gegentheil. Und nicht bloss das kleine
Stück derselben, das wir selber vor Augen haben, und
das uns fast überall das Bild des gewaltsamen Ringens
der heutigen Völker vorführt, — der Eindruck bleibt
derselbe, wohin immerhin wir unsere Blicke in die
Vergangenheit zurückschweifen lassen. So erübrigt
für die Savigny'sche Theorie lediglich die vorgeschicht-
liche Zeit, über die uns alle Nachrichten fehlen. Aber,
wenn es einmal verstattet sein soll, über sie Ver-
muthungen zu äussern, so setze ich der Savigny'schen,
welche sie zum Schauplatz jener harmlosen, friedlichen
Bildung des Rechts aus dem Innern der Volksüber-
zeugung heraus gestempelt hat, die meinige, ihr dia-
metral entgegengesetzte gegenüber, und man wird mir
zugestehen müssen, dass sie wenigstens die Analogie
der sichtbaren historischen Entwicklung des Rechts für
sich hat und, wie ich meinerseits glaube, auch den
Vorzug grösserer psychologischer Wahrscheinlichkeit.
Die Urzeit! Es war einmal Mode, sie auszustatten mit
allen schönen Eigenschaften: Wahrheit, Offenheit, Treue,
kindlichem Sinn, frommem Glauben, und auf solchem

Boden würde sicherlich auch ein Recht haben gedeihen können ohne eine weitere Triebkraft als die Macht der rechtlichen Ueberzeugung; der Faust und des Schwertes hätte es nicht bedurft. Aber heutzutage weiss Jeder, dass die fromme Urzeit die gerade entgegengesetzten Züge der Rohheit, Grausamkeit, Unmenschlichkeit, Verschlagenheit und Tücke an sich trug, und die Unterstellung, dass sie auf leichtere Weise zu ihrem Recht gekommen sei als alle späteren Zeitalter, dürfte schwerlich noch auf Glauben rechnen können. Ich meinerseits bin der Ueberzeugung, dass die Arbeit, die sie daran hat setzen müssen, eine noch viel härtere gewesen ist, und dass selbst die einfachsten Rechtssätze, wie z. B. die oben genannten aus dem ältesten römischen Recht über die Befugniss des Eigenthümers, seine Sache jedem Besitzer abzustreiten, und des Gläubigers, den zahlungsunfähigen Schuldner in auswärtige Knechtschaft zu verkaufen, erst in hartem Kampf haben erstritten werden müssen, bevor sie zur unbestrittenen allgemeinen Anerkennung gelangten. Doch wie dem auch sei, wir sehen von der Urzeit ab; die Auskunft, welche die urkundliche Geschichte uns über die Entstehung des Rechts ertheilt, kann uns genügen. Diese Auskunft aber lautet: die Geburt des Rechts ist wie die des Menschen regelmässig begleitet gewesen von heftigen Geburtswehen.

Und dass sie es ist, sollen wir es beklagen? Gerade der Umstand, dass das Recht den Völkern nicht mühelos zufällt, dass sie um dasselbe haben ringen und streiten, kämpfen und bluten müssen, gerade dieser Umstand knüpft zwischen ihnen und ihrem Recht dasselbe innige Band, wie der Einsatz des eigenen Lebens bei der Geburt zwischen der Mutter und dem Kinde. Ein mühelos gewonnenes Recht steht auf Einer Linie mit den Kindern, die der Storch bringt; was der Storch gebracht hat, kann der Fuchs oder der Geier wieder holen. Aber die Mutter, die das Kind geboren hat, lässt es sich nicht rauben, und eben so wenig ein Volk die Rechte und Einrichtungen, die es in blutiger Arbeit hat erstreiten müssen. Man darf geradezu behaupten: die Energie der Liebe, mit der ein Volk seinem Recht anhängt und es behauptet, bestimmt sich nach dem Einsatz an Mühe und Anstrengung, die es gekostet hat. Nicht die blosse Gewohnheit, sondern das Opfer ist es, welches das festeste der Bande zwischen dem Volke und seinem Rechte schmiedet, und welchem Volke Gott wohl will, dem schenkt er nicht, was es nöthig hat, noch erleichtert er ihm die Arbeit, es zu gewinnen, sondern dem erschwert er dieselbe. In diesem Sinne nehme ich keinen Anstand zu sagen: der Kampf, den das Recht erfordert, um geboren zu werden, ist nicht ein Fluch, sondern ein Segen.

Ich wende mich dem Kampf um das subjective oder concrete Recht zu. Er wird hervorgerufen, durch die Verletzung oder Vorenthaltung desselben. Da kein Recht, weder das der Individuen, noch das der Völker, gegen diese Gefahr geschützt ist — denn dem Interesse des Berechtigten an seiner Behauptung steht stets das eines Andern an seiner Missachtung entgegen — so ergibt sich daraus, dass dieser Kampf sich in allen Sphären

des Rechts wiederholt: in den Niederungen des Privatrechts so gut wie auf den Höhen des Staatsrechts und
Völkerrechts. Die völkerrechtliche Behauptung des
verletzten Rechts in Form des Krieges, — der Widerstand eines Volkes in Form des Aufstandes, der Empörung,
der Revolution gegen Willküracte, Verfassungsverletzun-
gen von Seiten der Staatsgewalt, — die turbulente Verwirklichung des Privatrechts in Form des sog. Lynch-
gesetzes, des Faust- und Fehderechtes des Mittelalters
und dessen letzte Ueberbleibsel in der heutigen Zeit:
das Duell, — die Selbstvertheidigung in Form der Nothwehr, — und endlich die geregelte Art seiner Geltendmachung in Form des Civilprocesses — sie alle sind
trotz aller Verschiedenheit des Streitobjectes und des
Einsatzes, der Formen und der Dimensionen des Kampfes
nichts als Formen und Scenen eines und desselben
Kampfes um's Recht. Wenn ich von allen diesen Formen
die nüchternste herausgreife: den legalen Kampf um's
Privatrecht in Form des Processes, so geschieht es nicht
darum, weil er mir als Juristen am nächsten liegt,
sondern weil bei ihm das wahre Sachverhältniss am
meisten der Gefahr einer Verkennung ausgesetzt ist,
gleichmässig sowohl von Seiten der Juristen, wie der
Laien. In allen übrigen Fällen tritt dasselbe offen und
mit voller Klarheit hervor. Dass es sich bei ihnen um
Güter handelt, welche den höchsten Einsatz lohnen,
begreift auch der blödeste Verstand, und Niemand wird
hier die Frage erheben: warum kämpfen, warum nicht
lieber nachgeben? Aber bei jenem privatrechtlichen
Kampf steht die Sache völlig anders. Die relative
Geringfügigkeit der Interessen, um die er sich dreht:

regelmässig die Frage von Mein und Dein, die unvertilgbare Prosa, die dieser Frage einmal anhaftet, weist ihn, wie es scheint, ausschliesslich in die Region der nüchternen Berechnung und Lebensbetrachtung, und die Formen, in denen er sich bewegt, das Mechanische derselben, die Ausschliessung eines jeden freien, kräftigen Hervortretens der Person ist wenig geeignet, den ungünstigen Eindruck abzuschwächen. Allerdings gab es auch für ihn eine Zeit, wo er noch die Person selber in die Schranken rief, und wo eben damit die wahre Bedeutung des Kampfes deutlich zum Vorschein gelangte. Als noch das Schwert den Streit um Mein und Dein entschied, als der Ritter des Mittelalters dem Gegner den Fehdebrief schickte, mochte auch der Unbetheiligte zu der Ahnung gedrängt werden, dass es sich bei diesem Kampfe nicht bloss um den Werth der Sache handle, um Abwehr eines pecuniären Verlustes, sondern dass in der Sache die Person sich selber, ihr Recht und ihre Ehre einsetze und behaupte.

Doch wir werden nicht nöthig haben, längst entschwundene Zustände heraufzubeschwören, um ihnen die Deutung dessen zu entnehmen, was heute, wenn auch der Form nach anders, doch der Sache nach ganz ebenso ist wie damals. Ein Blick auf die Erscheinungen unseres heutigen Lebens und die psychologische Selbstbeobachtung werden uns dieselben Dienste thun.

Mit der Verletzung der Rechte tritt an jeden Berechtigten die Frage heran: ob er es behaupten, dem Gegner Widerstand leisten, also kämpfen, oder ob er, um dem Kampfe zu entgehen, es im Stich lassen soll; diesen Entschluss nimmt ihm Niemand ab. Wie der-

selbe auch ausfallen möge, in beiden Fällen ist er mit
einem Opfer verbunden, in dem einen wird das Recht
dem Frieden, in dem andern der Friede dem Recht ge-
opfert. Die Frage scheint sich demnach dahin zuzu-
spitzen: welches Opfer nach den individuellen Verhältnissen des Falles und der Person das erträglichere ist.
Der Reiche wird um des Friedens willen den für ihn
unbedeutenden Streitbetrag, der Arme, für den dieser
Betrag ein verhältnissmässig bedeutender ist, dafür
den Frieden daran geben. So würde sich also die
Frage von dem Kampf um's Recht zu einem reinen
Rechenexempel gestalten, bei dem Vortheile und Nach-
theile auf beiden Seiten gegen einander abgewogen
werden müssten, um darnach den Entschluss zu fassen.

Dass dies nun in Wirklichkeit keineswegs der
Fall ist, weiss Jeder. Die tägliche Erfahrung zeigt
uns Processe, bei denen der Werth des Streitobjects
ausser allem Verhältniss steht zu dem voraussichtlichen
Aufwand an Mühe, Aufregung, Kosten. Niemand, dem
ein Thaler in's Wasser gefallen ist, wird zwei daran
setzen, ihn wieder zu erlangen — für ihn ist die Frage,
wie viel er daran wenden soll, ein reines Rechenexempel.
Warum stellt er dasselbe Rechenexempel nicht auch
bei einem Processe an? Man sage nicht: er rechne
auf den Gewinn desselben und erwarte, dass die Kosten
auf seinen Gegner fallen werden. Der Jurist weiss,
dass selbst die sichere Aussicht, den Sieg theuer bezahlen zu müssen, manche Parteien vom Process nicht
abhält; wie oft muss der Rechtsbeistand, welcher der
Partei das Missliche ihrer Sache vorstellt und vom
Process abräth, die Antwort vernehmen: sie sei fest

entschlossen, den Process zu führen, er möge kosten, was er wolle.

Wie erklären wir uns eine solche, vom Standpunkt einer verständigen Interessenberechnung geradezu widersinnige Handlungsweise?

Die Antwort, die man darauf gewöhnlich zu hören bekommt, ist bekannt: es ist das leidige Uebel der Processsucht, der Rechthaberei, die reine Lust am Streit, der Drang, am Gegner sein Müthchen zu kühlen, selbst auf die Gewissheit hin, dies eben so theuer, vielleicht noch theurer bezahlen zu müssen als er.

Lassen wir einmal den Streit der beiden Privatleute aus den Augen, setzen wir an ihre Stelle zwei Völker. Das eine hat dem andern widerrechtlich eine Quadratmeile öden, werthlosen Landes genommen; soll letzteres den Krieg beginnen? Betrachten wir die Frage ganz von demselben Standpunkt, von dem aus die Theorie der Processsucht sie bei dem Bauern beurtheilt, dem der Nachbar einige Fuss von seinem Acker abgepflügt oder Steine auf sein Feld geworfen hat. Was bedeutet eine Quadratmeile öden Landes gegen einen Krieg, der Tausenden das Leben kostet, Kummer und Elend in Hütten und Paläste wirft, Millionen und Milliarden des Staatsschatzes verschlingt und möglicherweise das Bestehen des Staates bedroht! Welche Thorheit, um einen solchen Kampfespreis solche Opfer zu bringen!

So müsste das Urtheil lauten, wenn der Bauer und das Volk mit demselben Masse gemessen würden. Gleichwohl wird Niemand dem Volke denselben Rath ertheilen wie dem Bauer. Jeder fühlt, dass ein Volk, welches zu einer solchen Rechtsverletzung schwiege, sein eigenes Todesurtheil besiegeln würde. Einem Volke, das sich von seinem Nachbarn ungestraft eine Quadratmeile entreissen lässt, werden auch die übrigen genommen, bis es Nichts mehr sein eigen nennt und als Staat zu existiren aufgehört hat, und ein solches Volk hat auch kein besseres Loos verdient.

Aber wenn das Volk sich wehren soll wegen der Quadratmeile, ohne nach dem Werth derselben zu fragen, warum nicht auch der Bauer wegen des Streifen Landes? Oder sollen wir ihn mit dem Spruch entlassen: quod licet Jovi, non licet bovi? Aber so wenig das Volk um der Quadratmeile, sondern um seiner selbst willen, seiner Ehre und seiner Unabhängigkeit wegen kämpft, so wenig handelt es sich in Processen, in denen es dem Kläger darum zu thun ist, sich einer schnöden Missachtung des Rechts zu erwehren, um das geringfügige Streitobject, sondern um einen idealen Zweck: die Behauptung der Person selber und ihres Rechtsgefühles. Gegenüber diesem Zweck fallen in den Augen des Berechtigten alle Opfer und Unannehmlichkeiten, die der Process in seinem Gefolge hat, gar nicht weiter in's Gewicht — der Zweck macht die Mittel bezahlt. Nicht das nüchterne Geldinteresse ist es, das den Verletzten antreibt, den Process zu erheben, sondern der moralische Schmerz über das erlittene Unrecht; nicht darum ist es ihm zu thun, bloss das Object wieder zu erlangen — er hat es vielleicht, wie dies oft in solchen Fällen zur Feststellung des wahren Processmotivs geschieht, von vornherein einer Armenanstalt gewidmet — sondern darum, sein gutes Recht zur Geltung zu bringen. Eine innere Stimme sagt ihm, dass er nicht zurücktreten darf, dass es sich für ihn nicht um das werthlose Object, sondern um seine Persönlichkeit, seine Ehre, sein Rechtsgefühl, seine Selbstachtung handelt — kurz, der Process gestaltet sich für ihn aus einer blossen Interessenfrage zu einer Charakterfrage: Behauptung oder Preisgebung der Persönlichkeit.

Nun zeigt aber die Erfahrung nicht minder, dass manche Andere in gleicher Lage, die gerade entgegengesetzte Entscheidung treffen — der Friede ist ihnen lieber als ein mühsam behauptetes Recht. Wie sollen wir uns mit unserm Urtheil dazu stellen? Sollen wir einfach sagen: das ist Sache des individuellen Geschmacks und Temperaments, der Eine ist streitsüchtiger, der Andere friedfertiger; vom Standpunkt des Rechts aus ist Beides in gleicher Weise zu rechtfertigen, denn das Recht überlässt dem Berechtigten die Wahl, ob er sein Recht geltend machen oder es im Stich lassen will? Ich halte diese Ansicht, der man bekanntlich im Leben nicht selten begegnet, für eine höchst verwerfliche, dem innersten Wesen des Rechts widerstreitende; wäre es denkbar, dass sie irgendwo die allgemeine würde, es wäre um das Recht selber geschehen, denn während das Recht zu seinem Bestehen den mannhaften Widerstand gegen das Unrecht nöthig hat, predigt sie die feige Flucht vor demselben. Ich stelle ihr den Satz gegenüber: Der Widerstand gegen ein schnödes, die Person selber in die Schranken forderndes Unrecht, d. h. gegen eine Verletzung des Rechts, welche in der Art ihrer Vornahme den Charakter einer Missachtung desselben, einer persönlichen Kränkung an sich trägt, ist Pflicht. Er ist Pflicht des Berechtigten gegen sich selber — denn er ist ein Gebot der moralischen Selbsterhaltung; er ist Pflicht gegen das Gemeinwesen — denn er ist nöthig, damit das Recht sich verwirkliche.

————

Der Kampf um's Recht ist eine Pflicht des Berechtigten gegen sich selbst.

Behauptung der eigenen Existenz ist das höchste Gesetz der ganzen belebten Schöpfung; in dem Triebe der Selbsterhaltung gibt es sich kund in jeder Creatur. Für den Menschen aber handelt es sich nicht bloss um das physische Leben, sondern zugleich um seine moralische Existenz, eine der Bedingungen derselben aber ist die Behauptung des Rechts. In dem Recht besitzt und vertheidigt der Mensch seine moralische Daseinsbedingung, ohne das Recht sinkt er auf die Stufe des Thieres herab,*) wie denn ja die Römer ganz consequenterweise die Sklaven vom Standpunkt des abstracten Rechts aus auf Eine Stufe mit den Thieren stellten. Behauptung des Rechts ist demnach eine Pflicht der moralischen Selbsterhaltung, gänzliche Aufgabe desselben, heutzutage zwar unmöglich, einst aber möglich, moralischer Selbstmord. Das Recht aber ist nur die Summe seiner einzelnen Institute, jedes derselben enthält eine eigenthümliche physische oder moralische Daseins-

————

*) In der Novelle: Michael Kohlhaas von Heinrich von Kleist, auf die ich unten noch des Nähern zurückkommen werde, lässt der Dichter seinen Helden sagen: Lieber ein Hund sein, wenn ich von Füssen getreten werden soll, als ein Mensch!

bedingung:*) das Eigenthum so gut wie die Ehe, der Vertrag so gut wie die Ehre, ein Verzicht auf eine einzelne derselben ist daher rechtlich ebenso unmöglich wie ein Verzicht auf das gesammte Recht. Aber was allerdings möglich ist, das ist der Angriff eines Andern auf eine dieser Bedingungen, und diesen Angriff zurückzuschlagen hat das Subject die Pflicht. Denn mit der blossen abstracten Gewährung dieser Lebensbedingungen von Seiten des Rechts ist es nicht gethan, sie müssen concret vom Subject behauptet werden; den Anlass dazu aber gibt die Willkür, wenn sie es wagt, dieselben anzutasten.

Aber nicht jedes Unrecht ist Willkür, d. h. eine Auflehnung gegen die Idee des Rechts. Der Besitzer meiner Sache, der sich für den Eigenthümer hält, negirt in meiner Person nicht die Idee des Eigenthums, er ruft sie vielmehr für sich selber an; der Streit zwischen uns Beiden dreht sich bloss darum, wer der Eigenthümer ist. Aber der Dieb und der Räuber stellen sich ausserhalb des Eigenthums, sie negiren in meinem Eigenthum zugleich die Idee desselben und damit eine wesentliche Lebensbedingung meiner Person. Man denke sich ihre Handlungsweise als eine allgemeine, und das Eigenthum ist principiell wie praktisch negirt. Darum enthält ihre That nicht bloss einen Angriff gegen meine Sache, sondern zugleich gegen meine Person,

---

*) Den Nachweis habe ich in meinem Werke über den Zweck im Recht gegeben (B. 1, S. 434 flg., Aufl. 2, S. 443 flg.), und ich habe dementsprechend das Recht definirt als die in Form des Zwanges durch die Staatsgewalt verwirklichte Sicherung der Lebensbedingungen der Gesellschaft.

und wenn es meine Pflicht ist, letztere zu behaupten, so
erstreckt sich dieselbe auch auf die Behauptung der Bedingungen, ohne welche die Person nicht existiren
kann — in seinem Eigenthum vertheidigt der Angegriffene sich selber, seine Persönlichkeit. Nur der
Conflict der Pflicht der Behauptung des Eigenthums
mit der höhern der Erhaltung des Lebens, wie er in dem
Fall eintritt, wenn der Räuber den Bedrohten vor die
Wahl stellt zwischen Leben und Geld, kann die Preisgabe des Eigenthums rechtfertigen. Aber abgesehen
von diesem Fall ist es Pflicht eines Jeden gegen sich
selbst, eine Missachtung des Rechts in seiner Person
mit allen ihm zu Gebote stehenden Mitteln zu bekämpfen;
durch Duldung derselben lässt er einen einzelnen Moment
der Rechtlosigkeit in seinem Leben zu. Dazu darf
aber Niemand selber die Hand bieten. Ganz anders
ist die Lage des Eigenthümers dem gutgläubigen Besitzer seiner Sache gegenüber. Hier ist die Frage,
was er zu thun hat, keine Frage seines Rechtsgefühls,
seines Charakters, seiner Persönlichkeit, sondern eine
reine Interessenfrage, denn hier steht für ihn nichts
weiter auf dem Spiel als der Werth der Sache, und da
ist es vollkommen gerechtfertigt, das er Gewinn und
Einsatz und die Möglichkeit eines doppelten Ausganges
gegen einander abwägt und darnach seinen Entschluss
fasst: den Process erhebt, von ihm absteht, sich ver
gleicht.*) Der Vergleich ist der Coincidenzpunkt einer

---

*) Die obige Stelle hätte mich gegen die Unterstellung
schützen sollen, als ob ich schlechthin den Kampf um's Recht
predigte, ohne den Conflict, durch den er hervorgerufen

derartigen, von beiden Seiten angestellten Wahrschein-
lichkeitsberechnung, und unter Voraussetzungen, wie ich
sie hier annehme, nicht bloss ein zulässiges, sondern das
richtigste Lösungsmittel des Streites. Wenn er dennoch oft so schwer zu erzielen ist, ja wenn beide Parteien in der Verhandlung mit ihren Rechtsbeiständen
vor Gericht nicht selten von vornherein alle Vergleichs-
unterhandlungen ablehnen, so hat dies nicht bloss darin
seinen Grund, dass in Bezug auf den Ausgang des Processes jeder der streitenden Theile an seinen Sieg glaubt,
sondern auch darin, dass er bei dem andern bewusstes
Unrecht, böse Absicht voraussetzt. Damit nimmt die
Frage, wenn sie sich processualisch auch in den Formen
des objectiven Unrechts bewegt *(reivindicatio)*, dennoch
psychologisch für die Partei ganz dieselbe Gestalt an,
wie in dem obigen Fall: die einer bewussten Rechtskränkung, und vom Standpunkt des Subjects aus ist die
Hartnäckigkeit, mit der dasselbe hier den Angriff auf
sein Recht zurückweist, ganz so motivirt und sittlich

---

wird, in Betracht zu ziehen. Nur wo die Person selber in
ihrem Rechte mit Füssen getreten wird, habe ich die Behauptung des Rechts für eine Selbstbehauptung der Person
und damit für eine Ehrensache und moralische Pflicht erklärt. Wenn man über diesen von mir so scharf betonten
Unterschied hinwegsehen und mir die absurde Ansicht unter-
schieben konnte, als ob Zank und Streit etwas Schönes, und
als ob Processsucht und Rechthaberei eine Tugend sei, so
bleibt mir zur Erklärung dafür nur die Alternative übrig,
entweder der Annahme einer Unehrlichkeit, welche eine un-
bequeme Ansicht entstellt, um sie widerlegen zu können,
oder eine Liederlichkeit im Lesen, die, wenn sie hinten im
Buche angelangt ist, vergessen hat, was sie vorne gelesen hat.

gerechtfertigt wie dem Diebe gegenüber. In einem solchen Fall die Partei durch Hinweisung auf die Kosten
und sonstigen Folgen des Processes und die Unsicher-
heit des Ausganges von demselben abschrecken zu
wollen, ist ein psychologischer Missgriff, denn die Frage
ist für sie keine Frage des Interesses, sondern des verletzten Rechtsgefühls. Der einzige Punkt, bei dem sich
mit Erfolg der Hebel ansetzen lässt, ist die Voraussetzung der schlechten Absicht des Gegners, durch
welche die Partei sich leiten lässt; gelingt es, diese Voraussetzung zu widerlegen, so ist der eigentliche Nerv
des Widerstandes durchschnitten, und die Partei der Betrachtung der Sache unter dem Gesichtspunkt des
Interesses und damit dem Vergleich zugänglich gemacht.
Welchen hartnäckigen Widerstand die Voreingenommen-
heit der Partei oft allen solchen Versuchen entgegen-
stellt, ist jedem praktischen Juristen nur zu bekannt,
und ich glaube von dieser Seite auf keinen Widerstand
zu stossen, wenn ich behaupte, das diese psychologische
Unzugänglichkeit, diese Zähigkeit des Misstrauens nicht
etwas rein Individuelles, durch den zufälligen Charakter
der Person Bedingtes ist, sondern dass dafür die allgemeinen Gegensätze der Bildung und des Berufs in
hohem Grade massgebend sind. Am unüberwindlichsten
ist dies Misstrauen beim Bauer. Die sog. Processsucht,
deren man ihn beschuldigt, ist nichts als das Product
zweier gerade ihm vorzugsweise eigenthümlicher Factoren:
eines starken Eigenthumssinnes, um nicht zu sagen des
Geizes, und des Misstrauens. Kein Anderer versteht
sich so gut auf sein Interesse und hält das, was er hat,
so fest wie der Bauer, und doch opfert bekanntlich

Niemand so oft Hab und Gut einem Processe wie er.
Scheinbar ein Widerspruch, in Wirklichkeit ganz erklärlich. Denn gerade sein stark entwickelter Eigenthumssinn macht den Schmerz einer Verletzung desselben für ihn nur um so empfindlicher und damit die
Reaction um so heftiger. Die Processsucht des Bauern
ist nichts als die durch das Misstrauen bewirkte Verirrung des Eigenthumssinnes, eine Verirrung, die wie
die analoge Erscheinung in der Liebe, die Eifersucht,
schliesslich ihre Spitze gegen sich selber kehrt, indem
sie zerstört, was sie zu retten sucht.

Eine interessante Bestätigung zu dem, was ich soeben gesagt habe, bietet das altrömische Recht. Da
hat jenes Misstrauen des Bauern, welches bei jedem
Rechtsconflict böse Absicht des Gegners wittert, geradezu
die Form von Rechtssätzen angenommen. Ueberall, auch
in solchen Fällen, wo es sich um einen Rechtsconflict
handelt, bei dem jeder der streitenden Theile in gutem
Glauben sein kann, muss der unterliegende Theil den
Widerstand, den er dem Recht des Gegners entgegen-
gesetzt hat, durch Strafe büssen. Dem gereizten Rechtsgefühl geschieht durch die einfache Wiederherstellung
des Rechts kein Genüge, es verlangt noch eine besondere Genugthuung dafür, dass der Gegner, schuldig
oder unschuldig, das Recht bestritten hat (s. u.). Hätten
unsere heutigen Bauern das Recht zu machen, es würde
muthmasslich ebenso lauten wie das ihrer altrömischen
Standesgenossen. Aber schon in Rom ist das Misstrauen
im Recht durch die Cultur mittelst der genauen Unter-
scheidung von zwei Arten des Unrechts: des verschul-
deten und unverschuldeten oder des subjectiven und

objectiven (in Hegel'scher Sprache des unbefangenen Unrechts) principiell überwunden worden.

Dieser Gegensatz des subjectiven und objectiven Unrechts ist in gesetzgeberischer wie wissenschaftlicher Beziehung ein ausserordentlich wichtiger. Er drückt die Art aus, wie das Recht vom Standpunkt der Gerechtigkeit die Sache ansieht, und dementsprechend die Folgen des Unrechts je nach Verschiedenheit desselben verschieden bemisst. Aber für die Auffassung des Subjects, für die Art, wie dessen Rechtsgefühl, das nicht nach den abstracten Begriffen des Systems pulsirt, durch ein ihm widerfahrenes Unrecht erregt wird, ist derselbe in keiner Weise massgebend. Die Umstände des besonderen Falls können der Art sein, dass der Berechtigte allen Grund hat, bei einem Rechtsconflict, der dem Gesetz zufolge unter den Gesichtspunkt der blossen objectiven Rechtsverletzung fällt, von der Unterstellung böser Absicht, bewussten Unrechts auf Seiten seines Gegners auszugehen, und für sein Verhalten ihm gegenüber wird dieses sein Urtheil mit vollem Recht den Ausschlag geben. Dass das Recht mir gegen den Erben meines Schuldners, der um die Schuld nicht weiss und seine Zahlung von dem Beweise derselben abhängig macht, ganz dieselbe *condictio ex mutuo* gibt, wie gegen den Schuldner selber, der schamloser Weise das gegebene Darlehen in Abrede stellt oder grundlos die Rückgabe verweigert, wird mich nicht abhalten, die Handlungsweise Beider in ganz verschiedenem Licht zu erblicken und darnach die meinige einzurichten. Der Schuldner steht für mich auf Einer Linie mit dem Diebe, er versucht, mich wissentlich um das Meinige

zu bringen, in seiner Person ist es das bewusste Unrecht, das sich gegen das Recht auflehnt. Der Erbe
des Schuldners dagegen steht dem gutgläubigen Besitzer
meiner Sache gleich, er negirt nicht den Satz, dass
ein Schuldner zahlen muss, sondern meine Behauptung,
dass er selber Schuldner sei, und Alles, was ich oben
von dem gutgläubigen Besitzer gesagt habe, gilt auch
von ihm. Mit ihm mag ich mich vergleichen oder
von der Erhebung des Processes, wenn ich des Erfolges
nicht sicher zu sein glaube, ganz absehen, aber dem
Schuldner gegenüber, der mich um mein gutes Recht
zu bringen sucht, der auf meine Scheu vor einem Process, meine Bequemlichkeit, Indolenz, Schwäche speculirt,
soll und muss ich mein Recht verfolgen, es koste, was
es wolle; thue ich es nicht, so gebe ich nicht bloss
dieses Recht, sondern das Recht preis.

Ich erwarte auf meine bisherigen Ausführungen
den Einwand: was weiss das Volk von dem Rechte des
Eigenthums, der Obligation als sittlicher Daseinsbedingungen der Person? Wissen? — nein! aber ob
es sie als solche nicht fühlt, ist eine andere Frage,
und ich hoffe, zeigen zu können, dass dem so ist. Was
weiss das Volk von der Niere, Lunge, Leber als Bedingungen des physischen Lebens? Aber den Stich in
der Lunge, den Schmerz in der Niere oder Leber empfindet Jeder und versteht die Mahnung, die er an ihn
richtet. Der physische Schmerz ist das Signal einer
Störung im Organismus, der Anwesenheit eines demselben feindlichen Einflusses; er öffnet uns die Augen
über eine uns drohende Gefahr und richtet durch das
Leiden, das er uns bereitet, an uns die Mahnung, uns

vorzusehen. Ganz dasselbe gilt von dem moralischen Schmerz, den das absichtliche Unrecht, die Willkür verursacht. Von verschiedener Mächtigkeit, ganz wie der physische, je nach der Verschiedenheit der subjectiven Empfindlichkeit, der Form und des Gegenstandes der Rechtsverletzung, worüber nachher das Nähere, kündigt er sich gleichwohl in jedem Menschen, der nicht bereits völlig abgestumpft ist, d. h. sich an thatsächliche Rechtlosigkeit gewöhnt hat, als moralischer Schmerz an und richtet an ihn dieselbe Mahnung wie der physische, ich meine weniger die nächstliegende, dem Gefühl des Schmerzes ein Ende zu machen, als die ferntragende, die Gesundheit, die durch das unthätige Erdulden desselben untergraben wird, zu erhalten — in dem einen Fall die Mahnung an die Pflicht der physischen, in dem andern an die Pflicht der moralischen Selbsterhaltung. Nehmen wir den zweifellosesten Fall, den der Ehrverletzung, und den Stand, in dem das Gefühl für Ehre am empfindlichsten ausgebildet ist, den Officierstand. Ein Officier, der eine Ehrenbeleidigung geduldig ertragen hat, ist als solcher unmöglich geworden. Warum? Die Behauptung der Ehre ist Pflicht eines Jeden, warum betont denn der Officierstand in gesteigerter Weise die Erfüllung dieser Pflicht? Weil er das richtige Gefühl hat, dass die muthige Behauptung der Persönlichkeit gerade für ihn eine unerlässliche Bedingung seiner ganzen Stellung ist, dass ein Stand, der seiner Natur nach die Verkörperung des persönlichen Muthes sein soll, Feigheit seiner Mitglieder nicht dulden kann, ohne sich selbst herabzusetzen.*)

---

*) Von mir weiter ausgeführt in meinem „Zweck im Recht“ B. 2, S. 302—304 (Aufl. 2, S. 304—306).

Damit vergleiche man den Bauern. Derselbe Mann, der
mit äusserster Hartnäckigkeit sein Eigenthum vertheidigt,
beweist in Bezug auf seine Ehre eine auffällige Un-
empfindlichkeit. Wie erklärt sich dies? Aus demselben
richtigen Gefühl der Eigenthümlichkeit seiner Lebensbedingungen, wie beim Officier. Sein Beruf verweist
ihn nicht auf den Muth, sondern auf die Arbeit, letztere
aber vertheidigt er in seinem Eigentum. Arbeit und
Eigenthumserwerb ist die Ehre des Bauern. Ein fauler
Bauer, der seinen Acker nicht in Stand hält oder leicht-
sinnig das Seinige durchbringt, ist bei seinen Standesgenossen ebenso verachtet, wie ein Officier, der nicht
auf seine Ehre hält, bei Seinesgleichen, während kein
Bauer dem andern einen Vorwurf daraus macht, dass
er wegen einer Beleidigung keine Schlägerei oder keinen
Process begonnen hat, ebenso wie kein Officier dem andern
daraus, dass er kein guter Wirth ist. Für den Bauern
ist das Grundstück, das er bebaut, und das Vieh, welches
er zieht, die Grundlage seines Daseins, und gegen den
Nachbarn, der ihm einige Fuss Land abgepflügt hat, oder
den Händler, der ihm für seinen Ochsen das Geld vor-
enthält, beginnt er in seiner Weise, d. h. in Form eines
mit erbittertster Leidenschaft geführten Processes ganz
denselben Kampf um sein Recht, den der Officier
gegen Denjenigen, der seiner Ehre zu nahe getreten ist,
mit dem Degen in der Faust ausficht. Beide opfern
sich dabei mit voller Rücksichtslosigkeit — die Folgen
kommen für sie gar nicht in Betracht. Und sie müssen
es thun, denn sie gehorchen damit nur dem eigenthümlichen Gesetz ihrer moralischen Selbsterhaltung. Man
setze dieselben Leute auf die Geschwornenbank und

lasse das eine Mal Officiere über Eigenthumsverbrechen, Bauern über Ehrverletzungen richten, das andere Mal diese über jene, jene über diese — wie verschieden werden in beiden Fällen die Urtheile ausfallen! Es ist bekannt, dass es keine strengeren Richter über Eigenthumsverbrechen gibt als die Bauern. Und obschon ich selber darüber keine Erfahrung habe, so möchte ich doch wetten, dass ein Richter in dem seltenen Fall, wo ihm einmal ein Bauer mit einer Injurienklage kommt, mit seinen Vergleichsvorschlägen ein ungleich leichteres Spiel haben wird, als bei einer Klage desselben Mannes um Mein und Dein. Der altrömische Bauer nahm bei einer Ohrfeige mit 25 As vorlieb, und wenn ihm Einer das Auge ausgeschlagen hatte, liess er mit sich reden und handeln und verglich sich, anstatt, wie er gedurft hätte, ihm wieder eins auszuschlagen. Dagegen beanspruchte er vom Gesetz die Befugniss, dass er den Dieb, den er bei der That ertappte, als Sklaven behalten und im Fall des Widerstandes niedermachen dürfe, und das Gesetz bewilligte ihm dies. Dort galt es nur seine Ehre, seinen Leib, hier sein Gut und seine Habe.

Als Dritten im Bunde geselle ich den Kaufmann hinzu. Was dem Officier die Ehre, dem Bauern das Eigenthum, das ist dem Kaufmann der Credit. Die Aufrechthaltung desselben ist für ihn eine Lebensfrage, und wer ihn der Lässigkeit in der Erfüllung seiner Verbindlichkeiten beschuldigt, der trifft ihn empfindlicher, als wer ihn persönlich beleidigt oder ihn bestiehlt. Es entspricht dieser eigenthümlichen Stellung des Kaufmanns, wenn die neueren Gesetzbücher die Bestrafung des leichtsinnigen und betrügerischen Bankbruchs mehr und mehr auf ihn und die ihm gleichstehenden Personen eingeschränkt haben.

Der Zweck meiner letzten Ausführung bestand nicht darin, die einfache Thatsache zu constatiren, dass das Rechtsgefühl nach Verschiedenheit des Standes und Berufes eine verschiedenartige Reizbarkeit bekundet, indem es den empfindlichen Charakter einer Rechtsverletzung lediglich nach dem Massstab des Standesinteresses abmisst; sondern diese Thatsache selber sollte mir nur dazu dienen, um mittelst ihrer eine Wahrheit von ungleich höherer Bedeutung in's rechte Licht zu setzen, den Satz nämlich, dass jeder Berechtigte in seinem Rechte seine ethischen Lebensbedingungen vertheidigt. Denn der Umstand, dass die höchste Reizbarkeit des Rechtsgefühls bei den drei genannten Ständen sich gerade bei jenen Punkten kundgibt, in denen wir die eigenthümlichen Lebensbedingungen dieser Stände erkannt haben, zeigt uns, dass die Reaction des Rechtsgefühls sich nicht wie ein gewöhnlicher Affect lediglich nach den individuellen Momenten des Temperaments und Charakters bestimmt, sondern dass bei ihr zugleich ein sociales Moment mitwirkt: das Gefühl von der Unentbehrlichkeit gerade dieses bestimmten Rechtsinstituts für den besonderen Lebenszweck dieses Standes. Der Grad der Energie, mit der das Rechtsgefühl gegen eine Rechtsverletzung in Thätigkeit tritt, ist in meinen Augen ein sicherer Massstab für den Stärkegrad, in dem ein Individuum, Stand oder Volk die Bedeutung des Rechts, sowohl des Rechts überhaupt als eines einzelnen Instituts, für sich und seine speciellen Lebenszwecke empfindet. Dieser Satz hat für mich eine ganz allgemeine Wahrheit, er gilt eben sowohl für das öffentliche wie für das Privatrecht. Dieselbe Reizbarkeit, welche die verschiedenen Stände in Bezug auf eine Verletzung aller derjenigen Institute bekunden, welche in hervorragender Weise die Grundlage ihres Daseins bilden, wiederholt sich nämlich auch bei verschiedenen Staaten in Bezug auf solche Einrichtungen, in denen ihr eigenthümliches Lebensprincip verwirklicht erscheint. Der Gradmesser ihrer Reizbarkeit und damit des Werthes den sie diesen Institutionen beilegen, ist das Strafrecht. Die überraschende Verschiedenheit, welche innerhalb der Strafgesetzgebungen in Bezug auf Milde und Strenge obwaltet, hat zum grossen Theil in dem obigen Gesichtspunkt der Daseinsbedingungen ihren Grund. Jeder Staat bestraft diejenigen Verbrechen auf's strengste, die sein eigenthümliches Lebensprincip bedrohen, während er bei den übrigen eine damit nicht selten auffallend contrastirende Milde obwalten lässt. Die Theokratie stempelt die Gotteslästerung und Abgötterei zu einem todeswürdigen Verbrechen, während sie in der Grenzverrückung nur ein einfaches Vergehen erblickt (mosaisches Recht). Der Ackerbau treibende Staat dagegen wird umgekehrt letztere mit der ganzen Wucht der Strafe heimsuchen, während er den Gotteslästerer mit mildester Strafe davon lässt (altrömisches Recht). Der Handelsstaat wird Münzfälschung und überhaupt Fälschung, der Militärstaat Insubordination, Dienstvergehen u. s. w., der absolute Staat das Majestätsverbrechen, die Republik das Streben nach königlicher Gewalt an die erste Stelle rücken, und alle werden an dieser Stelle eine Strenge bethätigen, die mit der Art, wie sie andere Verbrechen verfolgen, einen schroffen Gegensatz bildet. Kurz die Reaction des Rechtsgefühls der Staaten und Individuen ist da am heftigsten, wo sie sich in ihren eigenthümlichen Lebensbedingungen unmittelbar bedroht fühlen.*)

Sowie die eigenthümlichen Bedingungen des Standes und Berufes gewissen Instituten des Rechts eine erhöhte Bedeutung zu verleihen und damit folgeweise die Empfindlichkeit des Rechtsgefühls gegen eine Verletzung derselben zu steigern vermögen, so können dieselben umgekehrt für beide auch eine Abschwächung herbeiführen. Die dienende Classe kann das Gefühl der Ehre nicht in derselben Weise unterhalten, wie die übrigen Schichten der Gesellschaft; ihre Stellung bringt gewisse Demüthigungen mit sich, gegen die der Einzelne, so lange der Stand selber sie erduldet, vergebens sich auflehnt; einem Individuum mit regem Ehrgefühl in solcher Stellung bleibt nichts übrig, als entweder seine Ansprüche auf das bei Seinesgleichen übliche Mass herabzusetzen oder den Beruf aufzugeben. Nur dann, wenn eine derartige Empfindungsweise eine allgemeine wird, öffnet sich für den Einzelnen die Aussicht, seine Kraft, statt im nutzlosen Kampfe zu erschöpfen, im Verein mit Gleichgesinnten fruchtbar dahin zu verwerthen, um das Niveau der Standesehre, ich meine nicht bloss das subjective Gefühl für Ehre, sondern

*) Der Kundige weiss, dass ich mit den obigen Bemerkungen nur Ideen verwerthet habe, die zuerst erkannt und gestaltet zu haben das unsterbliche Verdienst von Montesquieu (sur l'esprit des lois) ist.

ihre objective Anerkennung von Seiten der übrigen Classen der Gesellschaft und der Gesetzgebung, zu erhöhen. Nach dieser Seite hin hat sich die Stellung der dienenden Klasse in den letzten fünfzig Jahren erheblich verbessert.

Was ich von der Ehre gesagt habe, gilt auch vom Eigenthum. Auch die Reizbarkeit in Bezug auf das Eigenthum, der rechte Eigenthumssinn — ich verstehe darunter nicht den Erwerbstrieb, das Jagen nach Geld und Gut, sondern jenen mannhaften Sinn des Eigenthümers, als dessen mustergültigen Repräsentanten ich oben den Bauern hingestellt habe, des Eigenthümers, der sein Eigen vertheidigt, nicht weil es ein Werthobject ist, sondern weil es sein eigen ist, — auch dieser Sinn kann unter dem Einfluss ungesunder Zustände und Verhältnisse sich abschwächen.. Was hat die Sache, die mein ist, so hört man gar Manche sich äussern, mit meiner Person zu schaffen? Sie dient mir als Mittel des Lebensunterhaltes, des Erwerbes, des Genusses; aber so wenig es sittliche Pflicht ist, dem Gelde nachzujagen, so wenig kann es als solche gelten, wegen einer Bagatelle einen Process zu beginnen, der Geld und Zeit kostet und unsere Behaglichkeit stört. Das einzige Motiv, das mich bei der rechtlichen Behauptung des Vermögens zu leiten hat, ist dasselbe, welches mich bei dem Erwerb und der Verwendung desselben bestimmt: mein Interesse — ein Process um Mein und Dein ist eine reine Interessenfrage.

Ich meinerseits kann in einer solchen Auffassung vom Eigenthum nur eine Entartung des gesunden Eigenthumssinnes und den Grund davon nur in einer Ver-

schiebung der naturgemässen Verhältnisse des Eigenthums erblicken. Nicht den Reichthum und den Luxus
mache ich für sie verantwortlich, — in beiden erblicke
ich gar keine Gefahr für den Rechtssinn des Volkes —
sondern die Unsittlichkeit des Erwerbes. Die geschicht-
liche Quelle und der sittliche Rechtfertigungsgrund des
Eigenthums ist die Arbeit, ich meine nicht bloss die der
Hände und Arme, sondern auch die des Geistes und
Talentes, und ich erkenne nicht bloss dem Arbeiter
selber, sondern auch seinen Erben ein Recht auf das
Arbeitsproduct zu, d. h. ich finde in dem Erbrecht eine
nothwendige Consequenz des Arbeitsprincips, denn ich
halte dafür, dass man dem Arbeiter nicht verwehren
darf, den Genuss sich selber zu versagen und wie bei
seinen Lebzeiten so auch nach seinem Tode auf andere
Personen zu übertragen. Nur durch die dauernde Verbindung mit der Arbeit kann sich das Eigenthum frisch
und gesund erhalten, nur an dieser seiner Quelle, aus
der es unausgesetzt sich von neuem erzeugt und er-
frischt, zeigt es sich klar und durchsichtig bis auf den
Grund als das, was es dem Menschen ist. Aber je
weiter der Strom sich von dieser Quelle entfernt und
abwärts in die Regionen des leichten oder gar mühe-
losen Erwerbs gelangt, desto trüber wird er, bis er
endlich im Schlamm des Börsenspiels und des betrügerischen Actienschwindels jede Spur von dem, was er
ursprünglich war, verliert. An dieser Stelle, wo jeder
Rest der sittlichen Idee des Eigenthums abhanden gekommen ist, kann freilich von einem Gefühl der sittlichen Verpflichtung der Vertheidigung desselben nicht
mehr die Rede sein; für den Eigenthumssinn, wie er in

Jedem lebt, der sein Brod im Schweisse seines Angesichts verdienen muss, fehlt es hier an jeglichem Verständniss. Das Schlimmste daran ist leider, dass die durch solche Gründe erzeugte Stimmung und Gewohnheit des Lebens sich nach und nach auch Kreisen mittheilt, in denen sie sich ohne die Berührung mit andern von selbst nicht erzeugt haben würde.*) Den Einfluss der durch das Börsenspiel erworbenen Millionen verspürt man bis in die Hütten hinab, und derselbe Mann, der, in eine andere Umgebung verpflanzt, an seiner eigenen Erfahrung des Segens inne geworden wäre, der auf der Arbeit ruht, empfindet dieselbe unter dem entnervenden Druck einer solchen Atmosphäre nur noch als Fluch — der Communismus gedeiht nur in jenem Sumpfe, in dem die Eigenthumsidee sich völlig verlaufen hat, an ihrer Quelle kennt man ihn nicht. Die Erfahrung, dass die Eigenthumsanschauung der herrschenden Kreise sich nicht auf letztere beschränkt, sondern sich auch den übrigen Classen der Gesellschaft mittheilt, bewährt sich in gerade entgegengesetzter Richtung auf dem Lande. Wer hier dauernd lebt und nicht etwa ausser aller und jeder Verbindung mit dem Bauern steht, wird, auch wenn seine Verhältnisse und seine Persönlichkeit dies im Uebrigen nicht begünstigen, unwillkürlich Etwas von dem Eigenthumssinn und der Sparsamkeit des Bauern annehmen. Derselbe Durchschnittsmann unter

---

*) Einen interessanten Beitrag dazu bieten unsere kleinen deutschen Universitätsstädte dar, die vorzugsweise von den Studirenden leben; die Stimmung und die Gewohnheiten der letzteren in Bezug auf das Geldausgeben theilen sich unwillkürlich auch der bürgerlichen Bevölkerung mit.

übrigens völlig gleichen Verhältnissen wird auf dem
Lande mit dem Bauern sparsam, in einer Stadt wie in
Wien mit dem Millionär Verschwender.

Woher aber auch immer jene Lauheit der Gesinnung stammen möge, die der Bequemlichkeit zu Liebe
dem Kampfe um das Recht aus dem Wege geht, in-
sofern nicht der Werth des Gegenstandes sie zum Widerstande reizt, für uns kommt es nur darauf an, sie
zu erkennen und zu bezeichnen als das, was sie ist. Die
praktische Lebensphilosophie, welche sie predigt, ist
nichts anderes als die Politik der Feigheit. Auch der
Feige, der aus der Schlacht flieht, rettet, was Andere
opfern: sein Leben, aber er rettet es um den Preis
seiner Ehre. Nur der Umstand, dass die Andern Stand
halten, schützt ihn und das Gemeinwesen gegen die
Folgen, die seine Handlungsweise sonst unabwendbar
nach sich ziehen müsste; dächten Alle wie er, so wären
sie Alle verloren. Ganz dasselbe gilt von jener feigen
Preisgabe des Rechts. Als Handlung eines Einzelnen
unschädlich, würde sie, zur allgemeinen Maxime des
Handelns erhoben, den Untergang des Rechts bedeuten.
Auch in diesem Verhältniss wird der Schein der Un-
schädlichkeit einer solchen Handlungsweise nur dadurch
möglich, dass der Kampf des Rechts gegen das Unrecht
im Ganzen und Grossen durch sie nicht weiter berührt
wird. Denn einmal ist derselbe nicht bloss auf die
Einzelnen gestellt, sondern im entwickelten Staatswesen betheiligt sich an ihm in ausgedehntester Weise
auch die Staatsgewalt, indem sie alle schwereren Ver-
gehungen gegen das Recht des Einzelnen, sein Leben,
seine Person und sein Vermögen aus eignem Antriebe

verfolgt und straft; Polizei und Strafrichter nehmen dem
Subjecte schon im voraus das schwerste Stück Arbeit
ab. Aber auch in Bezug auf diejenigen Rechtsverletzungen, deren Verfolgung ausschliesslich dem Einzelnen überlassen bleibt, ist dafür gesorgt, dass der
Kampf nie abreisse, denn nicht Jeder befolgt die Politik
des Feigen, und selbst letzterer stellt sich wenigstens
dann unter die Kämpfer, wenn der Werth des Streit-
gegenstandes seine Bequemlichkeit überwindet. Aber
denken wir uns Zustände, wo der Rückhalt hinwegfällt,
den das Subject an der Polizei und Strafrechtspflege
hat, versetzen wir uns in die Zeiten, wo, wie im alten
Rom, die Verfolgung des Diebes und Räubers rein Sache
des Verletzten war — wer sieht nicht ein, wohin hier
jene Preisgabe des Rechts hätte führen müssen? Wohin anders als zur Ermuthigung der Diebe und Räuber?
Ganz dasselbe gilt für das Völkerleben. Denn hier ist
jedes Volk ganz auf sich selbst gestellt, keine höhere
Macht nimmt ihm die Sorge für die Behauptung seines
Rechts ab, und ich brauche nur an mein obiges Beispiel von der Quadratmeile (S. 17) zu erinnern, um zu
zeigen, was jene Lebensanschauung, welche den Widerstand gegen das Unrecht nach dem materiellen Werth
des Streitobjects bemessen will, für das Völkerleben
bedeutet. Eine Maxime aber, welche überall, wo wir sie
auf die Probe stellen, sich als eine völlig undenkbare
als Auflösung und Vernichtung des Rechts erweist,
kann auch da, wo ausnahmsweise ihre verhängnissvollen
Folgen durch die Gunst anderer Verhältnisse ausgeglichen
werden, unmöglich als die richtige bezeichnet werden.
Ich werde unten Gelegenheit haben, den verderblichen

Einfluss, den sie selbst in einer solchen verhältnissmässig günstigen Lage ausübt, darzulegen.

Weisen wir sie also von uns: diese Moral der Bequemlichkeit, die kein Volk, kein Individuum von ge-
sundem Rechtsgefühl je zu der seinigen gemacht hat.
Sie ist das Anzeichen und das Erzeugniss eines kranken,
lahmen Rechtsgefühls, nichts als der krasse, nackte
Materialismus auf dem Gebiete des Rechts. Auch letzterer hat auf diesem Gebiete seine volle Berechtigung,
aber innerhalb bestimmter Grenzen. Der Erwerb des
Rechts, die Benutzung und selbst die Geltendmachung
desselben in Fällen des rein objectiven Unrechts (S. 21, 25)
ist eine reine Interessenfrage — das Interesse ist der
praktische Kern des Rechts im subjectiven Sinn.*) Aber
der Willkür gegenüber, die ihre Hand gegen das Recht
erhebt, verliert jene materialistische Betrachtung, welche
die Rechtsfrage mit der Interessenfrage zusammenwirft,
ihre Berechtigung, denn der Schlag, den die nackte
Willkür dem Rechte versetzt, trifft in und mit letzterem
zugleich die Person.

Es ist gleichgültig, welche Sache den Gegenstand
des Rechts bildet. Triebe der blosse Zufall sie in den
Kreis meines Rechts, es möchte darum sein, dass man
sie ohne Verletzung meiner selbst wieder daraus ent-
fernen könnte; aber nicht der Zufall, sondern mein
Wille knüpft das Band zwischen ihr und mir, und auch
er nur um den Preis vorangegangener eigener oder
fremder Arbeit — es ist ein Stück der eigenen oder

---

*) Weiter ausgeführt von mir in meinem „Geist des
röm. R." III, §. 60.

fremden Arbeitsvergangenheit, das ich in ihr besitze und behaupte. Indem ich sie zu der meinigen gemacht habe, habe ich ihr den Stempel meiner Person aufgedrückt; wer sie antastet, tastet letztere an, der Schlag, den man auf sie führt, trifft mich selber, der ich in ihr anwesend bin — das Eigenthum ist nur die sachlich erweiterte Peripherie meiner Person.

Dieser Zusammenhang des Rechts mit der Person verleiht allen Rechten, welcher Art sie auch seien, jenen incommensurablen Werth, den ich im Gegensatz zu dem rein substantiellen Werth, den sie vom Standpunkt des Interesses aus haben, als idealen Werth bezeichne. Ihm entstammt jene Hingebung und Energie in der Behauptung des Rechts, die ich oben geschildert habe. Diese ideale Auffassung des Rechts bildet nicht das Vorrecht höher angelegter Naturen, sondern der Roheste ist ihr eben so zugänglich wie der Gebildetste, der Reichste wie der Aermste, die wilden Naturvölker wie die civilisirtesten Nationen, und gerade darin offenbart sich so recht, wie sehr dieser Idealismus im innersten Wesen des Rechts begründet ist — er ist nichts als die Gesundheit des Rechtsgefühls. So erhebt dasselbe Recht, das scheinbar den Menschen ausschliesslich in die niedere Region des Egoismus und der Berechnung verweist, ihn andererseits wieder auf eine ideale Höhe, wo er alles Klügeln und Berechnen, das er dort gelernt hat, und den Massstab des Nutzens, nach dem er sonst Alles zu bemessen pflegt, vergisst, um rein und ganz für eine Idee einzutreten. Prosa in der Region des rein Sachlichen, wird das Recht in der Sphäre des Persönlichen, im Kampf um's Recht zum Zweck der Behauptung der Persönlichkeit, zur Poesie — der Kampf um's Recht ist die Poesie des Charakters.

Und was ist es, das all' dies Wunder thut? Nicht die Erkenntniss, nicht die Bildung, sondern das einfache Gefühl des Schmerzes. Der Schmerz ist der Nothschrei und der Hülferuf der bedrohten Natur. Das gilt, wie vom physischen, so auch vom moralischen Organismus (S. 27), und was dem Mediciner die Pathologie des menschlichen Organismus, das ist die Pathologie des Rechtsgefühls dem Juristen und Rechtsphilosophen, oder richtiger: das sollte sie ihm sein, denn es wäre verkehrt, zu behaupten, dass sie es ihm bereits geworden sei. In ihr steckt das ganze Geheimniss des Rechts. Der Schmerz, den der Mensch bei der Verletzung seines Rechts empfindet, enthält das gewaltsam erpresste, instinctive Selbstgeständniss über das, was das Recht ihm ist, zunächst was es ihm, dem Einzelnen, sodann aber auch, was es der menschlichen Gesellschaft ist. In diesem einen Moment kommt in Form des Affects, des unmittelbaren Gefühls von der wahren Bedeutung und dem wahren Wesen des Rechts mehr zum Vorschein als während langer Jahre ungestörten Genusses. Wer nicht an sich selbst oder an einem Andern diesen Schmerz erfahren hat, weiss nicht, was das Recht ist, und wenn er auch das ganze Corpus juris im Kopf hätte. Nicht der Verstand, nur das Gefühl vermag uns diese Frage zu beantworten, darum hat die Sprache mit Recht den psychologischen Urquell alles Rechts als Rechtsgefühl bezeichnet. Rechtsbewusstsein, rechtliche Ueberzeugung sind Abstractionen der Wissenschaft, die das Volk nicht kennt, — die Kraft des Rechts ruht im

Gefühl, ganz so wie die der Liebe; der Verstand und
die Einsicht kann das mangelnde Gefühl nicht ersetzen.
Aber wie die Liebe sich oft selber nicht kennt, und ein
einziger Moment ausreicht, sie zum vollen Bewusstsein
ihrer selbst zu bringen, so weiss auch das Rechtsgefühl
im unversehten Zustande regelmässig nicht, was es ist
und in sich birgt, aber die Rechtsverletzung ist die
peinliche Frage, die es zum Sprechen nöthigt, und
die Wahrheit an den Tag und die Kraft zum Vorschein bringt. Worin diese Wahrheit bestehe, habe
ich früher (S. 20) bereits angegeben, — das Recht
ist die moralische Lebensbedingung der Person, die
Behauptung desselben ihre eigene moralische Selbsterhaltung.

Die Gewalt, mit der das Rechtsgefühl gegen eine
ihm widerfahrene Verletzung thatsächlich reagirt, ist
der Prüfstein seiner Gesundheit. Der Grad des Schmerzes, den es empfindet, verkündet ihm, welchen Werth
es auf das bedrohte Gut legt. Aber den Schmerz empfinden, ohne die darin liegende Mahnung zur Abwehr
der Gefahr zu beherzigen, ihn geduldig ertragen, ohne
sich zu wehren, ist eine Verläugnung des Rechtsgefühls,
entschuldbar vielleicht im einzelnen Fall durch die
Umstände, aber auf die Dauer nicht möglich ohne die
nachtheiligsten Folgen für das Rechtsgefühl selber.
Denn das Wesen des letzteren ist die That — wo es
der That entbehren muss, verkümmert es und stumpft
sich nach und nach völlig ab, bis es zuletzt den Schmerz
kaum noch empfindet. Reizbarkeit, d. h. Fähigkeit,
den Schmerz der Rechtskränkung zu empfinden, und
Thatkraft, d. h. der Muth und die Entschlossenheit,

den Angriff zurückzuweisen, sind in meinen Augen die zwei Kriterien des gesunden Rechtsgefühls.

Ich muss es mir hier versagen, dieses ebenso interessante wie ausgiebige Thema der Pathologie des Rechtsgefühls des Weiteren auszuführen, aber einige Andeutungen mögen mir erlaubt sein.

Die Reizbarkeit des Rechtsgefühls ist nicht in allen Individuen diesselbe, sondern sie schwächt sich ab und steigert sich, je nach dem Masse, in welchem dieses Individuum, dieser Stand, dieses Volk die Bedeutung des Rechts als einer moralischen Existenzbedingung seiner selbst empfindet, und zwar nicht bloss des Rechts im allgemeinen, sondern auch des einzelnen bestimmten Rechtsinstituts. In Bezug auf das Eigenthum und die Ehre ist dies oben (S. 28—31) nachgewiesen, als drittes Verhältniss füge ich noch die Ehe hinzu — welche Reflexionen knüpfen sich an die Art, wie verschiedene Individuen, Völker, Gesetzgebungen sich dem Ehebruch gegenüber verhalten!

Das zweite Moment beim Rechtsgefühl: die Thatkraft, ist rein Sache des Charakters; das Verhalten eines Menschen oder Volkes angesichts einer Rechtskränkung ist der sicherste Prüfstein seines Charakters. Verstehen wir unter Charakter die volle, in sich ruhende, sich selbst behauptende Persönlichkeit, so gibt es keinen besseren Anlass, diese Eigenschaft zu erproben, als wenn die Willkür mit dem Rechte zugleich die Person antastet. Die Formen, in denen das verletzte Rechts- und Persönlichkeitsgefühl dagegen reagirt, ob unter dem Einfluss des Affects in wilder, leidenschaftlicher That, ob mit massvollem, aber nachhaltigem Wider-

stand, sind für die Intensität der Kraft des Rechtsgefühls in keiner Weise massgebend, und es gäbe keinen
grösseren Irrthum, als dem wilden Volke oder dem Un-
gebildeten, bei dem die erstere Form die normale ist,
ein regeres Rechtsgefühl zuzuschreiben als dem Gebildeten, der den zweiten Weg einschlägt. Die Formen
sind mehr oder weniger Sache der Bildung und des
Temperaments; der Wildheit, Heftigkeit, Leidenschaft-
lichkeit steht die feste Entschlossenheit, Unbeugsamkeit,
Nachhaltigkeit des Widerstandes vollkommen gleich.
Es wäre schlimm, wenn es anders wäre. Das hiesse,
dass die Individuen und Völker um eben so viel an
ihrem Rechtsgefühl einbüssten, als sie an Bildung zu-
nähmen. Ein Blick auf die Geschichte und das bürger-
liche Leben reicht aus, um diese Meinung zu widerlegen. Ebenso wenig ist der Gegensatz des Reichthums
und der Armuth dafür entscheidend. So höchst verschieden auch der Werthmassstab ist, nach dem der
Reiche und der Arme die Dinge bemisst, so kommt derselbe doch, wie bereits oben ausgeführt, bei der Missachtung des Rechts gar nicht zur Geltung, denn hier
handelt es sich nicht um den materiellen Werth der
Sache, sondern um den idealen Werth des Rechts, um
die Energie des Rechtsgefühls in besonderer Richtung
auf das Vermögen, und nicht wie das Vermögen, sondern
wie das Rechtsgefühl beschaffen ist, gibt dabei den
Ausschlag. Den besten Beweis dafür liefert das englische Volk; sein Reichthum hat seinem Rechtsgefühl
keinen Abbruch gethan, und mit welcher Energie sich
dasselbe selbst in blossen Eigenthumsfragen bewährt,
davon haben wir auf dem Continent oft genug Gelegen-

heit, uns zu überzeugen an der typisch gewordenen
Figur des reisenden Engländers, der dem Versuch einer
Prellerei von Seiten der Gastwirthe und Lohnkutscher
mit einer Mannhaftigkeit entgegentritt, als gelte es,
das Recht Altenglands zu vertheidigen, der zur Noth
seine Abreise verschiebt, Tage lang am Orte bleibt und
den zehnfachen Betrag von dem ausgibt, was er zu
zahlen sich weigert. Das Volk lacht darüber und versteht ihn nicht, — es wäre besser, wenn es ihn ver-
stände. Denn in den wenigen Gulden, die der Mann
hier vertheidigt, steckt in der That Altengland; daheim
in seinem Vaterlande begreift ihn ein Jeder und wagt
es daher auch nicht so leicht, ihn zu übervortheilen.
Ich versetze einen Oesterreicher von derselben Stellung
und denselben Vermögensverhältnissen in dieselbe Situa-
tion; wie wird er handeln? Wenn ich meinen eigenen
Erfahrungen in dieser Beziehung trauen darf, so werden
es von Hundert nicht Zehn sein, die das Beispiel des
Engländers nachahmen. Die Andern scheuen die Un-
annehmlichkeit des Streites, das Aufsehen, die Möglichkeit der Missdeutung, der sie sich aussetzen könnten,
eine Missdeutung, die ein Engländer in England gar
nicht zu befürchten wagt, und die er bei uns ruhig in
den Kauf nimmt: kurz sie zahlen. Aber in dem Gulden,
den der Engländer verweigert, und den der Oesterreicher
zahlt, liegt mehr, als man glaubt, es liegt darin ein
Stück England und Oesterreich, liegen Jahrhunderte
ihrer beiderseitigen politischen Entwicklung und ihres
socialen Lebens.*)

_____

*) Ich bitte, bei dieser Stelle nicht zu vergessen, dass
der Vortrag, aus dem diese Schrift entstanden ist, in Wien

Ich habe im Bisherigen den ersten der beiden oben
(S. 20) aufgestellten Sätze auszuführen gesucht: der
Kampf um's Recht ist eine Pflicht des Berechtigten
gegen sich selbst. Ich wende mich nunmehr dem
zweiten zu: die Behauptung des Rechts ist eine
Pflicht gegen das Gemeinwesen.

Um diesen Satz zu begründen, bin ich genöthigt,
das Verhältniss des Rechts im objectiven zu dem im
subjectiven Sinn etwas näher in's Auge zu fassen.
Worin besteht dasselbe? Ich glaube, die gangbare
Vorstellung völlig getreu wiederzugeben, wenn ich sage:
darin, dass ersteres die Voraussetzung des letzteren
bildet; ein concretes Recht ist nur da vorhanden, wo
die Bedingungen vorliegen, an welche der abstracte
Rechtssatz das Dasein desselben geknüpft hat. Damit

---

gehalten worden ist, wo mir der obige Vergleich des Engländers mit dem Oesterreicher am nächsten lag. Derselbe
ist von manchen Seiten übel empfunden und gemissdeutet
worden. Anstatt einzusehen, dass nur das wärmste Interesse für den österreichischen Bruderstamm, nur der Wunsch,
meinerseits mein Scherflein dazu beizutragen, dass das
Rechtsgefühl in ihm sich kräftige, mir jene Worte in die
Feder gegeben hat, hat man mir eine unfreundliche Gesinnung untergelegt, von der Niemand weiter entfernt ist,
als ich, und zu der mir während der vier Jahre, die ich
als Lehrer an der Wiener Hochschule verlebt habe, so
wenig Anlass geboten worden ist, dass ich umgekehrt mit
dem Gefühle tiefster Dankbarkeit von dort geschieden bin.
Ich lebe der Ueberzeugung, dass das Motiv, welches mich
bei der obigen Aeusserung geleitet hat, und die Gesinnung,
aus der sie hervorgegangen ist, von Seiten meiner österreichischen Leser mehr und mehr richtig gewürdigt werden
wird.

ist nach der herrschenden Lehre die gegenseitige Beziehung beider zu einander vollständig erschöpft. Aber diese Vorstellung ist eine durchaus einseitige, sie betont ausschliesslich die Abhängigkeit des concreten Rechtes vom abstracten, übersieht aber, dass ein solches Abhängigkeitsverhältniss nicht minder in entgegengesetzter Richtung obwaltet. Das concrete Recht empfängt nicht bloss Leben und Kraft vom abstracten, sondern gibt ihm dasselbe zurück. Das Wesen des Rechts ist praktische Verwirklichung. Eine Rechtsnorm, welche derselben nie theilhaftig geworden oder derselben wieder verlustig gegangen ist, hat auf diesen Namen keinen Anspruch mehr, sie ist eine lahme Feder in der Maschinerie des Rechts geworden, die nicht mitarbeitet, und die man herausnehmen kann, ohne dass sich das Mindeste ändert. Dieser Satz gilt ohne Einschränkung für alle Theile des Rechts, für das Staatsrecht so gut wie für das Criminalrecht und Privatrecht, und das römische Recht hat ihn ausdrücklich sanctionirt, indem es die *desuetudo* als Aufhebungsgrund der Gesetze anerkennt; ihm entspricht der Untergang der concreten Rechte durch dauernde Nichtausübung (*nonusus*). Während nun die rechtliche Verwirklichung des öffentlichen Rechts und des Strafrechts in die Form einer Pflicht der staatlichen Behörden, ist die des Privatrechts in die Form eines Rechts der Privatpersonen gebracht, d. h. ausschliesslich ihrer Initiative und Selbstthätigkeit überlassen. In jenem Fall hängt die rechtliche Verwirklichung des Gesetzes davon ab, dass die Behörden und Beamten des Staates ihre Pflicht erfüllen, in diesem Fall davon, dass die Privatpersonen

ihr Recht geltend machen. Unterlassen letztere dies
bei irgend einem Verhältniss dauernd und allgemein,
sei es aus Unbekanntschaft mit ihrem Recht, sei es aus
Bequemlichkeit oder Feigheit, so ist der Rechtssatz thatsächlich lahm gelegt. So dürfen wir sagen: die Wirklichkeit, die praktische Kraft der Sätze des Privatrechts
documentirt sich in und an der Geltendmachung der
concreten Rechte, und so wie letztere einerseits ihr
Leben vom Gesetze erhalten, so geben sie ihm andererseits dasselbe zurück; das Verhältniss des objectiven
oder abstracten Rechts und der subjectiven concreten
Rechte ist der Kreislauf des Blutes, das vom Herzen
ausströmt und zum Herzen zurückströmt.

Die Verwirklichungsfrage der Sätze des öffentlichen Rechts ist auf die Pflichttreue der Beamten gestellt, die der Privatrechtssätze auf die Wirksamkeit
derjenigen Motive, welche den Berechtigten zur Behauptung seines Rechtes veranlassen: seines Interesses
und seines Rechtsgefühls; versagen diese ihren Dienst,
ist das Rechtsgefühl matt und stumpf und das Interesse
nicht mächtig genug, um die Bequemlichkeit und die
Abneigung gegen Zank und Streit und die Scheu vor
einem Process zu überwinden, so ist die einfache Folge,
dass der Rechtssatz nicht zur Anwendung gelangt.

Aber was verschlägt es? wird man mir einwerfen,
leidet doch Niemand anders darunter als der Berechtigte selber. Ich nehme das Bild wieder auf, dessen
ich mich oben (S. 37) bedient habe: das der Flucht des
Einzelnen aus der Schlacht. Wenn tausend Mann zu
kämpfen haben, mag man die Entfernung eines Einzelnen nicht verspüren: wenn aber Hunderte von ihnen

die Fahne verlassen, so wird die Lage derer, die treu
anshalten, eine immer misslichere, die ganze Last des
Widerstandes fällt auf sie allein. In diesem Bilde
glaube ich die wahre Gestalt der Sache entsprechend
veranschanlicht zu haben. Auch auf dem Gebiete des
Privatrechtes gilt es einen Kampf des Rechtes gegen
das Unrecht, einen gemeinschaftlichen Kampf der ganzen Nation, bei dem Alle fest zusammenhalten müssen,
auch hier begeht Jeder, der flieht, einen Verrath an
der gemeinsamen Sache, denn er stärkt die Macht des
Gegners, indem er dessen Dreistigkeit und Keckheit
erhöht. Wenn die Willkür und Gesetzlosigkeit frech
und dreist ihr Haupt zu erheben wagen, so ist dies
immer ein sicheres Zeichen, dass diejenigen, welche
berufen waren, das Gesetz zu vertheidigen, ihrer Pflicht
nicht nachgekommen sind. Im Privatrecht aber ist
Jeder an seiner Stelle berufen, das Gesetz zu vertheidigen, Wächter und Vollstrecker des Gesetzes innerhalb
seiner Sphäre zu sein. Das concrete Recht, das ihm
zusteht, lässt sich als eine ihm vom Staate ertheilte Er-
mächtigung auffassen, innerhalb seines Interessenkreises
für das Gesetz in die Schranken zu treten und dem
Unrecht zu wehren, eine bedingte und specielle Aufforderung im Gegensatz zu der unbedingten und allgemeinen, die an den Beamten ergeht. Wer sein Recht
behauptet, vertheidigt innerhalb des engen Raumes
desselben das Recht. Das Interesse und die Folgen
dieser seiner Handlungsweise gehen daher über seine
Person weit hinaus. Das allgemeine Interesse, welches
sich an sie knüpft, ist nicht bloss das ideale, dass die
Autorität und Majestät des Gesetzes sich behaupte,

sondern es ist das sehr reale, höchst praktische, welches
Jedem fühlbar wird, und das Jeder begreift, der für
ersteres auch nicht das geringste Verständniss besitzt,
nämlich dies, dass die feste Ordnung des Verkehrslebens,
an der Jeder zu seinem Theil interessirt ist, gesichert
und aufrecht erhalten werde. Wenn der Dienstherr
nicht mehr wagt, die Gesindeordnung zur Anwendung
zu bringen, der Gläubiger nicht mehr, den Schuldner
pfänden zu lassen, das kaufende Publikum nicht mehr,
auf genaues Gewicht und Innehaltung der Taxen zu
halten, so wird dadurch nicht etwa bloss die ideale
Autorität des Gesetzes gefährdet, sondern es wird die
reale Ordnung des bürgerlichen Lebens preisgegeben,
und es ist schwer zu sagen, bis wie weit sich die
nachtheiligen Folgen davon erstrecken können, ob nicht
z. B. das ganze Creditsystem dadurch in empfindlichster Weise betroffen wird, denn wo ich Zank und
Streit gewärtigen muss, um mein klares Recht durch-
zusetzen, werde ich, wenn ich es irgend ermöglichen kann,
demselben lieber aus dem Wege gehen — mein Kapital
wandert dann aus der Heimath ins Ausland, meine Waaren
beziehe ich von Auswärtigen statt von Einheimischen.

In solchen Verhältnissen gestaltet sich das Loos
der Wenigen, welche den Muth haben, das Gesetz zur
Anwendung zu bringen, zu einem wahren Märtyrer-
thum; ihr energisches Rechtsgefühl, welches ihnen nicht
verstattet, der Willkür das Feld zu räumen, wird für
sie geradezu zum Fluch. Verlassen von allen denen,
die ihre natürlichen Bundesgenossen wären, stehen sie
ganz allein der durch die allgemeine Indolenz und Feigheit grossgezogenen Gesetzlosigkeit gegenüber und

ernten, wenn sie mit schweren Opfern wenigstens die
Genugthuung erkauft haben, sich selber treu geblieben
zu sein, statt Anerkennung regelmässig nur Spott und
Hohn. Die Verantwortlichkeit für derartige Zustände
fällt nicht auf denjenigen Theil der Bevölkerung, der
das Gesetz übertritt, sondern auf denjenigen, der nicht
den Muth hat, es aufrecht zu erhalten. Nicht das Unrecht soll man anklagen, wenn es das Recht von seinem
Sitze verdrängt, sondern das Recht, welches sich dies
gefallen lässt, und wenn ich die beiden Sätze: „thue
kein Unrecht" und „dulde kein Unrecht" nach ihrer
praktischen Bedeutung für den Verkehr zu würdigen
hätte, so würde ich sagen, die erste Regel ist: dulde
kein Unrecht, die zweite: thue keines. Denn so wie
der Mensch einmal ist, wird die Gewissheit, einem festen
entschlossenen Widerstande auf Seiten des Berechtigten
zu begegnen, ihn mehr von der Begehung des Unrechts
abhalten, als ein Gebot, das, wenn wir uns jenes Hinder-
niss hinwegdenken, im Grunde nur die Kraft eines
blossen Moralgebots besitzt.

Ist es nun nach allem diesem zu viel gesagt, wenn
ich behaupte: die Vertheidigung des angegriffenen concreten Rechts ist nicht bloss eine Pflicht des Berechtigten gegen sich selbst, sondern auch gegen das Gemeinwesen? Wenn es wahr ist, was ich ausgeführt habe,
dass er in seinem Rechte zugleich das Gesetz und im
Gesetz zugleich die unerlässliche Ordnung des Gemeinwesens vertheidigt, wer will läugnen, dass ihm diese
Vertheidigung als Pflicht gegen das Gemeinwesen obliegt?
Wenn letzeres ihn aufrufen darf zum Kampfe gegen
den äusseren Feind, in dem er Leib und Leben daran-

zusetzen hat, wenn also Jeder die Pflicht hat, nach
aussen hin einzustehen für die gemeinsamen Interessen,
gilt dies nicht auch im Innern, sollen nicht auch hier
alle Gutgesinnten und Muthigen zusammentreten und
fest zusammenhalten, wie dort gegen den äussern, so
hier gegen den innern Feind? Und wenn in jenem
Kampf die feige Flucht als Verrath an der gemeinschaftlichen Sache gilt, können wir ihr hier diesen
Vorwurf ersparen? Recht und Gerechtigkeit gedeihen
in einem Lande nicht dadurch allein, dass der Richter
in steter Bereitschaft auf seinem Stuhle sitzt, und dass
die Polizei ihre Häscher ausschickt, sondern Jeder
muss für seinen Theil dazu mitwirken. Jeder hat den
Beruf und die Verpflichtung, der Hydra der Willkür
und der Gesetzlosigkeit, wo sie sich hervorwagt, den
Kopf zu zertreten, Jeder, der die Segnungen des Rechtes
geniesst, soll auch für seinen Theil dazu beitragen, die
Macht und das Ansehen des Gesetzes aufrecht zu erhalten, kurz — Jeder ist ein geborner Kämpfer
um's Recht im Interesse der Gesellschaft.

Ich brauche nicht darauf aufmerksam zu machen,
wie sehr durch diese meine Auffassung der Beruf des
Einzelnen in Bezug auf die Geltendmachung seines
Rechts geadelt wird. Sie setzt an Stelle des von
unserer bisherigen Theorie gelehrten rein einseitigen,
bloss receptiven Verhaltens dem Gesetz gegenüber ein
Verhältniss der Gegenseitigkeit, in welchem der Berechtigte den Dienst, den das Gesetz ihm erweist, demselben in vollem Masse erwidert. Es ist die Mitarbeit
an einer grossen nationalen Aufgabe, zu der sie ihm
den Beruf zuerkennt. Ob er selbst sie als solche er-

fasst, ist völlig gleichgültig. Denn das ist das Grosse und Erhabene in der sittlichen Weltordnung, dass sie nicht bloss auf die Dienste derjenigen zählen kann, welche sie begreifen, sondern dass sie wirksame Mittel genug besitzt, um auch diejenigen, denen das Verständniss für ihre Gebote abgeht, ohne ihr Wissen und Wollen, zur Mitwirkung heranzuziehen. Um den Menschen zur Ehe zu nöthigen, dazu setzt sie bei dem Einen den edelsten aller menschlichen Triebe, bei dem Andern die rohe sinnliche Lust, bei dem Dritten die Bequemlichkeit, bei dem Vierten die Habsucht in Bewegung — aber alle diese Motive führen in die Ehe. So möge auch bei dem Kampf um's Recht den Einen das nüchterne Interesse, den Andern der Schmerz über die widerfahrene Rechtskränkung, den Dritten das Gefühl der Pflicht oder die Idee des Rechts als solche auf den Kampfplatz rufen, — sie Alle reichen sich die Hand zum gemeinschaftlichen Werk, zum Kampf gegen die Willkür.

Wir haben hiermit den idealen Höhepunkt des Kampfes um's Recht erreicht. Aufsteigend von dem niederen Motiv des Interesses haben wir uns erhoben zu dem Gesichtspunkt der moralischen Selbsterhaltung der Person und sind schliesslich bei dem der Mitwirkung des Einzelnen an der Verwirklichung der Rechtsidee im Interesse des Gemeinwesens angelangt.

In meinem Rechte ist das Recht gekränkt und verneint, wird es vertheidigt, behauptet und wieder hergestellt. Welche hohe Bedeutung gewinnt damit der Kampf des Subjects um sein Recht! Wie tief unter der Höhe dieses idealen, weil allgemeinen Interesses

am Rechte liegt die Sphäre des rein Individuellen, die
Region der persönlichen Interessen, Zwecke, Leiden-
schaften, in denen der Unkundige die alleinigen Trieb-
federn des Rechtsstreites erblickt.

Aber diese Höhe, mag mancher sagen, liegt so
hoch, dass sie nur noch für den Rechtsphilosophen wahr-
nehmbar bleibt; Niemand führt einen Process um die
Idee des Rechts. Ich könnte, um diese Behauptung zu
widerlegen, auf das römische Recht verweisen, in welchem die Thatsächlichkeit dieses idealen Sinnes in dem
Institut der Popularklagen*) zum klarsten Ausdruck

---

*) Für diejenigen meiner Leser, die des Rechts nicht
kundig sind, bemerke ich, dass diese Klagen *(actiones popu-
lares)* Jedem, der wollte, Gelegenheit gaben, als Vertreter
des Gesetzes aufzutreten und den Verächter desselben zur
Verantwortung zu ziehen, und zwar nicht etwa bloss in
solchen Fällen, wo es sich um Interessen des gesammten
Publicums und somit auch des Klägers handelte, wie z. B.
Störung, Gefährdung der öffentlichen Passage, sondern auch
da, wo ein gegen eine Privatperson, die sich selber nicht
wirksam vertheidigen konnte, verübtes Unrecht in Frage
stand, so z. B. Uebervortheilung eines Minderjährigen bei
einem Rechtsgeschäft, Untreue des Vormundes gegen den
Mündel, Erpressung wucherischer Zinsen; über diese und
andere Fälle s. meinen „Geist des römischen Rechts" III,
Abth. 1, Aufl. 3, S. 111 f. Jene Klagen enthielten also
eine Aufforderung an den idealen Sinn, der ohne alles eigene
Interesse das Recht lediglich des Rechts wegen vertheidigt;
einige derselben appellirten auch an das ganz ordinäre Motiv der Gewinnsucht, indem sie dem Kläger das vom Beklagten beizutreibende Strafgeld in Aussicht stellten, allein
eben darum ruhte auf ihnen oder richtiger auf ihrer ge-
werbsmässigen Anstellung derselbe Makel wie bei uns auf
Denunciationen zum Zweck der Erlangung von Denuncianten-

gelangt ist, allein wir würden der Gegenwart Unrecht
thun, wenn wir ihr diesen idealen Sinn absprechen wollten.
Jeder, der beim Anblick der Vergewaltigung des Rechts
durch die Willkür Entrüstung, sittlichen Zorn empfindet,
besitzt ihn. Denn während sich dem Gefühl, welches
die selbsterlittene Rechtskränkung hervorruft, ein ego-
istisches Motiv beimischt, hat jenes Gefühl ausschliesslich seinen Grund in der sittlichen Macht der Rechtsidee über das menschliche Gemüth; es ist der Protest
der kräftigen sittlichen Natur gegen den Frevel am
Recht, das schönste und erhebendste Zeugniss, welches
das Rechtsgefühl von sich selber ablegen kann, — ein
sittlicher Vorgang, gleich anziehend und ergiebig für die
Betrachtung des Psychologen wie für die Gestaltungs-
kraft des Dichters. Meines Wissens gibt es keinen
andern Affect, der so plötzlich eine so gewaltige Um-
wandlung im Menschen hervorzurufen vermag, denn es
ist bekannt, dass gerade die mildesten, versöhnlichsten
Naturen dadurch in einen Zustand der Leidenschaft versetzt werden können, der ihnen sonst völlig fremd ist —
ein Beweis, dass sie in dem Edelsten, das sie in sich
tragen, in ihrem innersten Mark getroffen sind. Es ist
das Phänomen des Gewitters in der moralischen Welt:
erhaben, majestätisch in seinen Formen, durch die Plötz-
lichkeit, Unmittelbarkeit, Heftigkeit seines Ausbruchs,

---

gebüren. Wenn ich erwähne, dass die meisten Klagen der
obigen zweiten Kategorie schon im spätern römischen Recht,
die der ersten aber in unserm heutigen Recht verschwunden
sind. so wird jeder meiner Leser wissen, welchen Schluss er
daran zu knüpfen hat: Wegfall der Voraussetzung des ge-
meinnützigen Sinnes, auf den sie berechnet waren.

durch das orkanartige, elementare, Alles vergessende und Alles vor sich darniederwerfende Walten der sittlichen Kraft; und wiederum versöhnend und erhebend zugleich durch seine Impulse und seine Wirkungen — eine moralische Luftreinigung für das Subject wie für die Welt. Aber freilich, wenn die beschränkte Kraft des Subjects sich bricht an Einrichtungen, die der Willkür den Halt gewähren, den sie dem Recht versagen, dann schlägt der Sturm auf den Urheber selbst zurück, und es harrt seiner entweder das Loos des Verbrechers aus verletztem Rechtsgefühl, von dem ich nachher reden werde, oder das nicht minder tragische, an dem Stachel, den das machtlos erlittene Unrecht in seinem Herzen zurückgelassen hat, sich moralisch zu verbluten und den Glauben an das Recht zu verlieren.

Nun mag zwar dieser ideale Rechtssinn des Mannes, der den Frevel und Hohn gegen die Idee des Rechts lebhafter empfindet als die persönliche Verletzung und ohne alles eigne Interesse sich des unterdrückten Rechts annimmt, ganz so, als wäre es sein eigenes— nun mag zwar dieser Idealismus das Vorrecht edler angelegter Naturen bilden. Allein auch das kühle, jedes idealen Schwunges baare Rechtsgefühl, das in dem Unrecht nur sich selber fühlt, hat doch volles Verständniss für jenes von mir nachgewiesene Verhältniss zwischen dem concreten Recht und dem Gesetz, welches ich oben in dem Satze zusammengefasst habe: mein Recht ist das Recht, in jenem wird zugleich dieses verletzt und behauptet. Es klingt paradox und doch ist es wahr, dass gerade dem Juristen diese Auffassungsweise nicht sehr geläufig ist. Nach seiner Vorstellung geräth bei dem Streit um das concrete Recht das Gesetz gar nicht in Mitleidenschaft; es ist ja nicht das abstracte Gesetz, um das sich der Streit dreht, sondern seine Verkörperung in Gestalt dieses concreten Rechts, gewissermassen ein Lichtbild desselben, in dem es sich nur fixirt hat, in dem es aber nicht selber unmittelbar getroffen wird. Ich gebe die technisch-juristische Nothwendigkeit dieser Auffassung zu, aber dies Zugeständniss darf uns nicht abhalten, die Berechtigung der entgegengesetzten Anschauungsweise anzuerkennen, welche das Gesetz auf Eine Linie mit dem concreten Recht rückt und folgeweise in einer Gefährdung des letzteren zugleich eine Gefährdung des ersteren erblickt. Dem unbefangenen Rechtsgefühl liegt die letztere Anschauungsweise ungleich näher als die erste. Den besten Beweis dafür gibt die Ausprägung, welche sie sowohl in der deutschen als lateinischen Sprache erhalten hat. Bei einem Process wird bei uns vom Kläger das „Gesetz angerufen", der Römer nannte die Klage „*legis actio*". Das Gesetz selber ist in Frage gestellt, es ist ein Streit um's Gesetz, der in dem einzelnen Fall entschieden werden muss — eine Auffassung, welche insbesondere für das Verständniss des altrömischen Processes der Legisactionen von höchster Wichtigkeit ist.*) Im Lichte dieser Vorstellung ist daher der Kampf um's Recht zugleich ein Kampf um's Gesetz, es handelt sich bei dem Streit nicht bloss um das Interesse des Subjects, um ein einzelnes Verhältniss, in dem das Gesetz sich verkörpert hat, ein Lichtbild, wie ich es nannte, in dem

---

*) Von mir ausgeführt in meinem „Geist des römischen Rechts". II, 2. § 47 c.

ein flüchtiger Lichtstrahl des Gesetzes aufgefangen und fixirt worden ist, und das man zerbrechen und zerstören kann, ohne das Gesetz selber zu treffen, sondern das Gesetz selbst ist missachtet, mit Füssen getreten; das Gesetz, wenn es nicht eitel Spiel und Phrase sein soll, muss sich behaupten — mit dem Recht des Verletzten stürzt das Gesetz zusammen.

Dass diese Vorstellungsweise, die ich kurz als Solidarität des Gesetzes mit dem concreten Recht bezeichnen will, das Verhältniss beider in seinem tiefsten Grunde erfasst und wiedergibt, habe ich oben ausgeführt. Gleichwohl aber liegt dieselbe keineswegs so tief und versteckt, dass sie nicht auch dem nackten, jeder höheren Auffassung unzugänglichen Egoismus verständlich wäre, ja gerade er hat vielleicht das schärfste Auge für sie, denn seinem Vortheil entspricht es, den Staat als Bundesgenossen für seinen Streit heranzuziehen. Und dadurch wird dann selbst er, ohne es zu wissen und zu wollen, über sich selbst und sein Recht hinaus gehoben auf jene Höhe, wo der Berechtigte zum Vertreter des Gesetzes wird. Die Wahrheit bleibt Wahrheit, auch wenn das Subject sie nur unter dem engen Gesichtswinkel seines eigenen Interesses erkennt und vertheidigt. Hass und Rachsucht sind es, die den Shylock vor Gericht führen, um sein Pfund Fleisch aus dem Leibe des Antonio zu schneiden, aber die Worte, die der Dichter ihn sprechen lässt, sind in seinem Munde eben so wahr wie in jedem andern. Es ist die Sprache, die das verletzte Rechtsgefühl an allen Orten und zu allen Zeiten stets reden wird; die Kraft, die Unerschütterlichkeit der Ueberzeugung, dass Recht doch Recht bleiben muss; der

Schwung und das Pathos eines Mannes, der sich bewusst
ist, dass es sich bei der Sache, für die er eintritt, nicht
bloss um seine Person, sondern um das Gesetz handelt.
Das Pfund Fleisch, lässt Shakespeare ihn sagen,

„Das Pfund Fleisch, das ich verlange,
Ist theu'r gekauft, ist mein, und ich will's haben.
Wenn ihr versagt, pfui über euer Gesetz!
So hat das Recht Venedigs keine Kraft.
— — Ich fordre das Gesetz.
— — Ich steh' hier auf meinem Schein.“

„Ich fordre das Gesetz.“ Der Dichter hat mit
diesen vier Worten das wahre Verhältniss des Rechts
im subjectiven zu dem im objectiven Sinn und die Bedeutung des Kampfes um's Recht in einer Weise gezeichnet, wie kein Rechtsphilosoph es treffender hätte
thun können. Mit diesen Worten ist die Sache mit
einem Male aus einem Rechtsanspruch des Shylock zu
einer Frage um das Recht Venedigs geworden. Wie
mächtig, wie riesig dehnt sich die Gestalt des Mannes
aus, wenn er diese Worte spricht! Es ist nicht mehr
der Jude, der sein Pfund Fleisch verlangt, es ist das
Gesetz Venedigs selber, das an die Schranken des
Gerichts pocht — denn sein Recht und das Recht
Venedigs sind eins; mit seinem Recht stürzt letzteres selber. Und wenn er selber dann zusammenbricht
unter der Wucht des Richterspruches, der durch schnöden
Witz sein Recht vereitelt,*) wenn er, verfolgt von bit-

*) Gerade darauf beruht in meinen Augen das hohe
tragische Interesse, das Shylock uns abnöthigt. Er ist in
der That um sein Recht betrogen. So wenigstens muss der

terem Hohn, geknickt, gebrochen, mit schlotternden
Knieen dahinwankt, wer kann sich des Gefühls erwehren, dass mit ihm das Recht Venedigs gebeugt
worden ist, dass es nicht der Jude Shylock ist, der von
dannen schleicht, sondern die typische Figur des Juden
im Mittelalter, jenes Parias der Gesellschaft, der vergebens nach Recht schrie? Die gewaltige Tragik seines

——— ― ― ―

Jurist die Sache ansehen. Dem Dichter steht natürlich frei
sich seine eigene Jurisprudenz zu machen, und wir wollen
es nicht bedauern, dass Shakespeare dies hier gethan oder
richtiger die alte Fabel unverändert beibehalten hat. Aber
wenn der Jurist dieselbe einer Kritik unterziehen will, so
kann er nicht anders sagen als: der Schein war an sich
nichtig, da er etwas Unsittliches enthielt; der Richter hätte
denselben also von vornherein aus diesem Grunde zurückweisen müssen. That er es aber nicht, liess der „weise
Daniel" denselben trotzdem gelten, so war es ein elender
Winkelzug, ein kläglicher Rabulistenkniff, dem Manne, dem
er bereits das Recht zugesprochen hatte, vom lebenden
Körper ein Pfund Fleisch auszuschneiden, das damit nothwendig verbundene Vergiessen des Blutes zu versagen. Ganz
so gut könnte ein Richter dem Servitutberechtigten das
Recht zu gehen zuerkennen, ihm aber verbieten, Fusstapfen
auf dem Grundstücke zurückzulassen, weil dies bei der Be-
stellung der Servitut nicht ausbedungen worden sei. Man
möchte fast glauben, dass die Geschichte von Shylock schon
im ältesten Rom gespielt habe; denn die Verfasser der
zwölf Tafeln hielten es für nöthig, in Bezug auf das Zer-
fleischen des Schuldners *(in partes secare)* von Seiten der
Gläubiger ausdrücklich zu bemerken, dass sie hinsichtlich
der Grösse der Stücke freie Hand haben sollten. *(Si plus
minusve secuerint, sine fraude esto!)* — Ueber die Angriffe,
welche die im Text vertretene Ansicht erfahren hat, siehe
die Vorrede.

Schicksals beruht nicht darauf, dass ihm das Recht versagt wird, sondern darauf, dass er, ein Jude des Mittelalters, den Glauben an das Recht hat — man möchte
sagen, gleich als wäre er ein Christ! — einen felsen-
festen Glauben an das Recht, den nichts beirren kann,
und den der Richter selber nährt; bis dann wie ein
Donnerschlag die Katastrophe über ihn hereinbricht, die
ihn aus seinem Wahn reisst und ihn belehrt, dass er
nichts ist als der geächtete Jude des Mittelalters, dem
man sein Recht gibt, indem man ihn darum betrügt.

Das Bild des Shylock ruft mir eine andere Gestalt
vor die Seele, die nicht minder historische wie dichterische des Michael Kohlhaas, welche Heinrich von Kleist
in seiner gleichnamigen Novelle mit ergreifender Wahrheit gezeichnet hat.*) Shylock geht geknickt von dannen,
seine Kraft ist gebrochen, widerstandslos fügt er sich dem
Richterspruch. Anders Michael Kohlhaas. Nachdem alle
Mittel, zu seinem in schnödester Weise missachteten Rechte
zu gelangen, erschöpft sind, nachdem ein Akt frevelhafter
Cabinetsjustiz ihm den Rechtsweg verschlossen, und die
Gerechtigkeit bis zu ihrem höchsten Repräsentanten, dem
Landesherrn, hinauf sich offen auf die Seite des Unrechts
gestellt hat, übermannt ihn das Gefühl unendlichen
Wehes über den Frevel, den man mit ihm getrieben:
„Lieber ein Hund sein, wenn ich von Füssen getreten
werden soll, als ein Mensch" (S. 23), und sein Ent-
schluss steht fest: „Wer mir den Schutz der Gesetze

---

*) Die folgenden Citate aus derselben beziehen sich auf
die Tieck'sche Ausgabe der gesammelten Schriften des Dichters, Berlin 1826, B. 3.

versagt, der stösst mich zu den Wilden der Einöde hinaus, er gibt mir die Keule, die mich selbst schützt, in die Hand" (S. 44). Er reisst der feilen Gerechtigkeit das besudelte Schwert aus der Hand und schwingt es in einer Weise, dass Furcht und Entsetzen sich weit im Lande verbreiten, das morsche Staatswesen in seinen Fugen erbebt, und der Fürst auf dem Thron erzittert. Aber es ist nicht das wilde Gefühl der Rache, das ihn beseelt, er wird nicht Räuber und Mörder wie Karl Moor, der „durch die ganze Natur das Horn des Aufruhrs blasen möchte, um Luft, Erde und Meer wider das Hyänengezücht in's Treffen zu führen", der aus verletztem Rechtsgefühl der ganzen Menschheit den Krieg erklärt; sondern es ist eine sittliche Idee, die ihn treibt, die Idee, „er sei mit seinen Kräften der Welt in der Pflicht verfallen, sich Genugthuung für die erlittene Kränkung und seinen Mitbürgern Sicherheit gegen zukünftige zu verschaffen" (S. 9). Ihr opfert er Alles, das Glück seiner Familie, seinen geachteten Namen, Gut und Habe, Leib und Leben, und er führt keinen ziellosen Vernichtungskrieg, sondern er richtet denselben nur gegen den Schuldigen und alle Diejenigen, welche mit ihm gemeinschaftliche Sache machen. Und als ihm die Aussicht wird, zu seinem Recht zu kommen, legt er freiwillig die Waffen aus der Hand; aber als ob der Mann einmal ausersehen wäre, an seinem Beispiele zu veranschaulichen, welches Mass der Schmach die Recht- und Ehrlosigkeit damaliger Zeit auf sich zu laden vermochte, so brach man ihm das freie Geleit und die Amnestie, und er endete sein Leben auf dem Richtplatz. Aber vorher wird ihm noch sein Recht, und der

Gedanke, dass er nicht umsonst gestritten, dass er das
Recht wieder zu Ehren gebracht, dass er seine Würde
als Mensch behauptet hat, erhebt sein Herz über die
Schrecknisse des Todes; versöhnt mit sich, der Welt
und Gott, folgt er gefasst und willig dem Henker.
Welche Betrachtungen knüpfen sich an dieses Rechts-
drama! Ein Mann, rechtschaffen und wohlwollend, voller
Liebe für seine Familie, von kindlich frommem Sinn
wird zu einem Attila, der mit Feuer und Schwert die
Stätte vernichtet, in die sein Gegner sich geflüchtet hat.
Und wodurch wird er es? Gerade durch diejenige Eigenschaft, welche ihn sittlich so hoch über alle seine Gegner
stellt, die schliesslich über ihn triumphiren: durch seine
hohe Achtung vor dem Recht, seinen Glauben an die
Heiligkeit desselben, die Thatkraft seines echten, gesunden Rechtsgefühls. Und gerade darauf beruht die
tief erschütternde Tragik seines Schicksals, dass eben
das, was den Vorzug und den Adel seiner Natur ausmacht: der ideale Schwung seines Rechtsgefühls, seine
heroische, Alles vergessende und Alles opfernde Dahin-
gabe an die Idee des Rechts im Contact mit der elenden
damaligen Welt, dem Uebermuth der Grossen und Mäch-
tigen und der Pflichtvergessenheit und Feigheit der
Richter zu seinem Verderben ausschlägt. Was er ver-
brach, fällt mit verdoppelter und verdreifachter Wucht
auf den Fürsten, seine Beamten und Richter zurück,
die ihn gewaltsam aus der Bahn des Rechts in die der
Gesetzlosigkeit drängten. Denn kein Unrecht, das der
Mensch zu erdulden hat, und wiege es noch so schwer,
reicht — wenigstens für das unbefangene sittliche Gefühl — von Weitem an das heran, welches die von

Gott gesetzte Obrigkeit verübt, indem sie selber das
Recht bricht. Der Justizmord, wie unsere Sprache
treffend ihn bezeichnet, ist die wahre Todsünde des
Rechts. Der Hüter und Wächter des Gesetzes ver-
wandelt sich in dessen Mörder — es ist der Arzt, der
den Kranken vergiftet, der Vormund, der den Mündel
erdrosselt. Im alten Rom traf den bestochenen Richter
Todesstrafe. Für die Justiz, welche das Recht gebrochen, gibt es keinen vernichtenderen Ankläger als
die dunkle, vorwurfsvolle Gestalt des Verbrechers aus
verletztem Rechtsgefühl — es ist ihr eigener blutiger
Schatten. Das Opfer einer käuflichen oder parteiischen
Justiz wird fast gewaltsam aus der Bahn des Rechts
herausgestossen, wird Rächer und Vollstrecker seines
Rechts auf eigene Hand und nicht selten, indem er über
das nächste Ziel hinausschiesst, ein geschworener Feind
der Gesellschaft, Räuber und Mörder. Aber auch derjenige, den seine edle, sittliche Natur gegen diesen Abweg schützt, wie Michael Kohlhaas, wird Verbrecher,
und indem er die Strafe desselben erleidet, Märtyrer
seines Rechtsgefühls. Man sagt, dass das Blut der
Märtyrer nicht umsonst fliesse, und es mag sich das bei
ihm bewahrheitet, und sein mahnender Schatten noch auf
lange ausgereicht haben, um eine solche Vergewaltigung
des Rechts, wie sie ihn getroffen hatte, unmöglich zu
machen.

Wenn ich meinerseits diesen Schatten herauf-
beschworen habe, so geschah es, um an einem er-
greifenden Beispiele zu zeigen, welcher Abweg gerade
dem kräftigen und ideal angelegten Rechtsgefühl in
Verhältnissen droht, wo die Unvollkommenheit der

Rechtseinrichtungen ihm seine Befriedigung versagt.*)
Da wird der Kampf für das Gesetz zu einem Kampf
gegen das Gesetz. Das Rechtsgefühl, im Stich gelassen
von der Macht, die es schützen sollte, verlässt selber
den Boden des Gesetzes und sucht durch Selbsthülfe zu
erlangen, was Unverstand, böser Wille, Ohnmacht ihm
versagen. Und zwar sind es nicht bloss einzelne besonders kraftvoll oder gewaltthätig angelegte Naturen,
in denen das nationale Rechtsgefühl seine Anklage und
seinen Protest gegen derartige Rechtszustände erhebt,

---

*) In neuer, seinem Vorgänger Kleist gegenüber völlig
selbständiger und höchst ergreifender Weise hat dies Thema
Karl Emil Franzos in seinem, durch meine Schrift ver-
anlassten Roman: Ein Kampf um's Recht, Breslau 1882,
behandelt. Michael Kohlhaas wird durch die schnöde Missachtung seines eigenen Rechts in die Schranken gerufen,
der Held dieses Romans durch die des Rechts seiner Ge-
meinde, deren Aeltester er ist, und das er durch alle legalen Mittel mit grösster Aufopferung, aber vergebens zur
Anerkennung zu bringen gesucht hat. Das Motiv zu diesem Kampf um's Recht liegt also in einer noch höheren
Region als bei Michael Kohlhaas, es ist der Rechtsidealis-
mus, der für sich selber gar nichts, alles nur für Andere
begehrt. Der Zweck meiner Schrift verstattet mir nicht,
die Meisterschaft, mit welcher der Verfasser seine Aufgabe
gelöst hat, in's gebührende Licht zu setzen, aber ich kann
doch nicht unterlassen, den Leser, der sich für das Thema,
das ich im Text behandelt habe, interessirt, auf diese dichterische Behandlung desselben auf's angelegentlichste aufmerksam zu machen. Sie bildet ein würdiges Seitenstück
zum Michael Kohlhaas von Kleist, ein Seelengemälde von
einer Wahrheit und erschütternden Kraft, das Niemand, ohne
auf's höchste ergriffen zu sein, aus der Hand legen kann.

sondern diese Anklage und dieser Protest wiederholt
sich mitunter von Seiten der ganzen Bevölkerung in
gewissen Erscheinungen, die wir ihrer Bestimmung oder
der Art nach, wie das Volk oder der bestimmte Stand
sie betrachtet und in Anwendung bringt, als volks-
thümliche Surrogate und Seitenstücke der Einrichtungen
des Staats bezeichnen können. Dahin gehören im Mittelalter die Vehmgerichte und das Fehderecht, die schwer-
wiegenden Zeugnisse für die Ohnmacht oder Parteilich-
keit der damaligen Strafgerichte und für die Macht-
losigkeit der Staatsgewalt; in der Gegenwart das Institut
des Duells, der thatsächliche Beweis, dass die Strafen,
welche der Staat gegen die Ehrverletzung verhängt,
dem empfindlichen Ehrgefühl gewisser Klassen der Gesellschaft kein Genüge leisten. Dahin gehört die Blutrache der Corsicaner und die Volksjustiz in Nordamerika,
das sogenannte Lynchgesetz. Sie alle bezeugen, dass
die Einrichtungen des Staats sich mit dem Rechtsgefühl
des Volkes oder Standes nicht im Einklang befinden;
jedenfalls enthalten sie einen Vorwurf für ihn, entweder
den, dass er sie nöthig macht, oder den, dass er sie
duldet. Für den Einzelnen können sie, wenn das Gesetz
sie zwar verboten, aber thatsächlich nicht zu unterdrücken vermocht hat, die Quelle eines schweren Con-
flicts werden. Der Corsicaner, der in Befolgung des
Staatsgebots sich der Blutrache enthält, ist bei den
Seinigen geächtet; derjenige, der unter dem Druck der
volksthümlichen Rechtsansicht ihr nachgibt, verfällt
dem rächenden Arme der Justiz. Ebenso bei unserm
Duell. Wer in Verhältnissen, die dasselbe zu einer
Ehrenpflicht machen, es ablehnt, schädigt seine Ehre, wer

es vollzieht, wird bestraft — eine Lage, für den Betheiligten wie für den Richter in gleicher Weise peinlich. Im alten Rom sehen wir uns vergebens nach analogen Erscheinungen um; die Einrichtungen des Staats und das nationale Rechtsgefühl befanden sich hier im vollen Einklang.

Ich bin hiermit am Ende meiner Betrachtungen über den Kampf des Einzelnen um sein Recht. Wir sind ihm gefolgt in der Stufenleiter der Motive, die denselben herbeiführen, von dem untersten des reinen Interessencalcüls aufsteigend zu dem idealeren der Behauptung der Persönlichkeit und ihrer ethischen Lebensbedingungen, um schliesslich anzulangen bei dem Gesichtspunkt der Verwirklichung der Idee der Gerechtigkeit, — der höchsten Spitze, von der aus ein Fehltritt den Verbrecher aus verletztem Rechtsgefühl in den Abgrund der Gesetzlosigkeit stürzt.

Aber das Interesse dieses Kampfes ist keineswegs auf das Privatrecht oder das Privatleben beschränkt, es reicht vielmehr weit über dasselbe hinaus. Eine Nation ist schliesslich nur die Summe aller einzelnen Individuen, und wie die einzelnen Individuen fühlen, denken, handeln, so fühlt, denkt, handelt die Nation. Zeigt sich das Rechtsgefühl der Einzelnen in den Verhältnissen des Privatrechts stumpf, feige, apathisch, findet es wegen der Hemmnisse, welche ungerechte Gesetze oder schlechte Einrichtungen ihm entgegensetzen, keinen Spielraum, sich frei und kräftig zu entfalten, trifft es Verfolgung, wo es Unterstützung und Förderung erwarten durfte, gewöhnt es sich in Folge

5*

davon daran, das Unrecht zu erdulden und als Etwas
zu betrachten, was sich einmal nicht ändern lasse: wer
möchte glauben, dass ein solches geknechtetes, verküm-
mertes, apathisches Rechtsgefühl sich plötzlich zur leben-
digen Empfindung und zur energischen That sollte auf-
raffen können, wenn es eine Rechtsverletzung gilt, die
nicht den Einzelnen, sondern das ganze Volk trifft: ein
Attentat auf seine politische Freiheit, den Bruch oder
Umsturz seiner Verfassung, den Angriff des äusseren
Feindes? Wer nicht einmal gewohnt gewesen ist, sein
eigenes Recht muthig zu vertheidigen, wie soll der den
Drang empfinden, für das der Gesammtheit willig sein
Leben und seine Habe einzusetzen? Wer kein Verständniss gezeigt hat für den idealen Schaden, den er
an seiner Ehre und Person erlitt, indem er aus Bequemlichkeit oder Feigheit sein gutes Recht preisgab,
wer gewohnt war, in Dingen des Rechts bloss den Massstab des materiellen Interesses anzulegen: wie kann
man von dem erwarten, dass er einen andern Massstab
zur Anwendung bringe und anders empfinde, wenn es
das Recht und die Ehre der Nation gilt? Woher sollte
hier plötzlich der Idealismus der Gesinnung kommen,
der sich bisher stets verläugnet hat? Nein! der Kämpfer
um das Staatsrecht und Völkerrecht ist kein anderer
als der um's Privatrecht; dieselben Eigenschaften, die
er in den Verhältnissen des letzteren sich angeeignet
hat, begleiten ihn auch in den Kampf um die bürger-
liche Freiheit und gegen den äussern Feind — was
gesäet ist im Privatrecht, trägt seine Früchte im Staatsrecht und Völkerrecht. In den Niederungen des Privatrechts, in den kleinen und kleinsten Verhältnissen des

Lebens muss tropfenweis sich jene Kraft bilden und sammeln, sich jenes moralische Kapital anhäufen, dessen der Staat bedarf, um für seine Zwecke im Grossen damit operiren zu können. Das Privatrecht, nicht das Staatsrecht ist die wahre Schule der politischen Erziehung der Völker, und will man wissen, wie ein Volk erforderlichen Falls seine politischen Rechte und seine völkerrechtliche Stellung vertheidigen wird, so sehe man zu, wie das einzelne Mitglied im Privatleben sein eignes Recht behauptet. Ich habe bereits oben das Beispiel des kampflustigen Engländers angeführt, und ich kann hier nur wiederholen, was ich dort gesagt: in dem Gulden, um den er hartnäckig streitet, steckt die politische Entwicklung Englands. Einem Volke, bei dem es allgemeine Uebung ist, dass Jeder auch im Kleinen und Kleinsten sein Recht tapfer behauptet, wird Niemand wagen, das Höchste, was es hat, zu entreissen, und es ist daher kein Zufall, dass dasselbe Volk des Alterthums, welches im Innern die höchste politische Entwicklung und nach Aussen hin die grösste Kraftentfaltung aufzuweisen hat, das römische, zugleich das ausgebildetste Privatrecht besass. Recht ist Idealismus, so paradox es klingen mag. Nicht Idealismus der Phantasie, aber des Charakters, d. h. des Mannes, der sich als Selbstzweck fühlt und alles Andere gering achtet, wenn er in diesem seinem innersten Kern verletzt wird. Von wem dieser Angriff auf seine Rechte ausgeht: ob von einem Einzelnen, von der eigenen Regierung, von einem fremden Volk — was verschlägt es ihm? Ueber den Widerstand, den er diesen Angriffen entgegensetzt, entscheidet nicht die Person des Angreifenden, sondern die Energie seines Rechtsgefühls, die moralische Kraft, mit der er sich selbst zu behaupten pflegt. Darum ist der Satz ein ewig wahrer: Die politische Stellung eines Volkes nach Innen und nach Aussen entspricht stets seiner moralischen Kraft — das Reich der Mitte mit seinem Bambus, der Ruthe für erwachsene Kinder, wird trotz seiner Hunderte von Millionen den fremden Nationen gegenüber niemals die geachtete völkerrechtliche Stellung der kleinen Schweiz einnehmen. Das Naturell der Schweizer ist im Sinne der Kunst und Poesie gewiss nichts weniger als ideal, es ist nüchtern, praktisch wie das der Römer. Aber in dem Sinn, in dem ich bisher den Ausdruck „ideal" in Beziehung auf das Recht gebraucht habe, passt derselbe auf den Schweizer ganz so gut wie auf den Engländer.

Dieser Idealismus des gesunden Rechtsgefühls würde sein eigenes Fundament untergraben, wenn er sich darauf beschränkte, lediglich sein eigenes Recht zu vertheidigen, ohne im Uebrigen an der Aufrechthaltung von Recht und Ordnung weitern Antheil zu nehmen. Er weiss nicht bloss, dass er in seinem Recht das Recht, sondern auch, dass er in dem Recht sein Recht vertheidigt. In einem Gemeinwesen, wo diese Stimmung, dieser Sinn für strenge Gesetzlichkeit der herrschende ist, wird man sich vergebens nach jener betrübenden Erscheinung umsehen, die anderwärts so häufig ist, dass nämlich die Masse des Volks, wenn die Behörde den Verbrecher oder Uebertreter des Gesetzes verfolgt oder zur Haft bringen will, die Partei des letzteren ergreift, d. h. in der Staatsgewalt den natürlichen Gegner des Volks erblickt. Jeder weiss hier, dass die Sache des

Rechts auch die seinige ist — mit dem Verbrecher sympathisirt hier nur der Verbrecher selbst, nicht der ehrliche Mann, letzterer leistet vielmehr bereitwillig der Polizei und der Obrigkeit hülfreiche Hand.

Ich werde kaum nöthig haben, die Schlussfolgerung, die ich an das Gesagte knüpfe, in Worte zu fassen. Es ist der einfache Satz: für einen Staat, der geachtet dastehen will nach Aussen, fest und unerschüttert im Innern, gibt es kein kostbareres Gut zu hüten und zu pflegen als das nationale Rechtsgefühl. Diese Sorge ist eine der höchsten und wichtigsten Aufgaben der politischen Pädagogik. In dem gesunden, kräftigen Rechtsgefühl jedes Einzelnen besitzt der Staat die ergiebigste Quelle seiner eigenen Kraft, die sicherste Gewähr seines eigenen Bestehens nach Innen wie nach Aussen. Das Rechtsgefühl ist die Wurzel des ganzen Baumes; taugt die Wurzel nichts, verdorrt sie in Gestein und ödem Sand, so ist alles Andere Blendwerk — wenn der Sturm kommt, wird der ganze Baum entwurzelt. Aber der Stamm und die Krone haben den Vorzug, dass man sie sieht, während die Wurzeln im Boden stecken und sich dem Blicke entziehen. Der zersetzende Einfluss, den ungerechte Gesetze und schlechte Rechtseinrichtungen auf die moralische Kraft des Volks ausüben, spielt unter der Erde, in jenen Regionen, die so mancher politische Dilettant nicht seiner Beachtung werth hält; ihm kommt es bloss auf die stattliche Krone an, von dem Gift, das aus der Wurzel in die Krone steigt, hat er keine Ahnung. Aber der Despotismus weiss, wo er ansetzen muss, um den Baum zu Fall zu bringen; er lässt die Krone zunächst unangetastet, aber er zerstört die Wurzeln. Mit Eingriffen in das Privatrecht, mit der Misshandlung des Individuums hat der Despotismus überall begonnen; hat er hier seine Arbeit vollendet, so stürzt der Baum von selbst. Darum gilt es ihm hier vor Allem entgegenzutreten, und die Römer wussten wohl, was sie thaten, als sie Attentate auf die weibliche Keuschheit und Ehre zum Anlass nahmen, um dem Königthum und dem Decemvirat ein Ende zu machen. Das freie Selbstgefühl der Bauern zerstören durch Lasten und Frohnden, den Bürger unter die Vormundschaft der Polizei stellen, die Erlaubniss zu einer Reise an die Gewährung eines Passes knüpfen, die Steuern vertheilen nach Lust und Gnade — ein Macchiavell hätte kein besseres Recept geben können, um alles männliche Selbstgefühl und alle sittliche Kraft im Volk zu ertödten und dem Despotismus einen widerstandslosen Eingang zu sichern. Dass dasselbe Thor, durch welches der Despotismus und die Willkür einziehen, auch dem auswärtigen Feind offen steht, wird freilich dabei nicht in Anschlag gebracht, und erst wenn er da ist, kommen die Weisen zu der verspäteten Erkenntniss, dass die sittliche Kraft und das Rechtsgefühl eines Volks dem äussern Feind gegenüber die wirksamste Schutzwehr hätten bilden können. In derselben Zeit, als der Bauer und Bürger Gegenstand feudaler und absolutistischer Willkür war, gingen Lothringen und Elsass für das deutsche Reich verloren — wie konnten ihre Bewohner und ihre Brüder im Reich für das Reich fühlen, da sie verlernt hatten, sich selber zu fühlen!

Aber es ist unsere eigene Schuld, wenn wir die

Lehren der Geschichte erst verstehen, nachdem es zu
spät ist; an ihr liegt es nicht, dass wir sie nicht recht-
zeitig erfahren, denn sie predigt dieselben jederzeit laut
und vernehmlich. Die Kraft eines Volkes ist gleich-
bedeutend mit der Kraft seines Rechtsgefühls, Pflege
des nationalen Rechtsgefühls ist Pflege der Gesundheit
und Kraft des Staats. Unter dieser Pflege verstehe ich
selbstverständlich nicht die theoretische in Schule und
Unterricht, sondern die praktische Durchführung der
Grundsätze der Gerechtigkeit in allen Lebensverhält-
nissen. Mit dem äusseren Mechanismus des Rechts allein ist es nicht gethan. Derselbe kann so vollkommen
hergestellt sein und gehandhabt werden, dass die höchste
Ordnung regiert, und dennoch kann die obige Anforderung in glänzendster Weise missachtet sein. Gesetz
und Ordnung war auch die Leibeigenschaft, der Schutz-
zoll des Juden und so viele andere Sätze und Einrichtungen einer hinter uns liegenden Zeit, die mit den
Anforderungen eines gesunden kräftigen Rechtsgefühls
im schroffsten Widerspruch standen, und durch welche der
Staat sich selber vielleicht noch mehr schädigte als den
Bürger, Bauern, Juden, auf denen sie zunächst lasteten.
Festigkeit, Klarheit, Bestimmtheit des materiellen Rechts,
Beseitigung aller Sätze, an denen ein gesundes Rechtsgefühl Anstoss nehmen muss, in allen Sphären des Rechts,
nicht bloss des Privatrechts, sondern der Polizei, der
Verwaltung, der Finanzgesetzgebung; Unabhängigkeit
der Gerichte, möglichste Vervollkommnung der proces-
sualischen Einrichtungen — das ist für den Staat der
gebotene Weg, um das Rechtsgefühl seiner Angehörigen
und damit seine eigene Kraft zur vollen Entfaltung zu

bringen. Jede vom Volke als solche empfundene ungerechte Bestimmung oder gehässige Einrichtung ist
eine Schädigung des nationalen Rechtsgefühls und damit der nationalen Kraft, eine Versündigung gegen die
Idee des Rechts, die auf den Staat selbst zurückschlägt,
und die er oft theuer mit Zinseszinsen bezahlen muss —
sie können ihm unter Umständen eine Provinz kosten!
Ich bin freilich nicht der Ansicht, dass der Staat lediglich wegen solcher Zweckmässigkeitsrücksichten diese
Sünden vermeiden soll, ich betrachte es vielmehr als
seine heiligste Pflicht, diese Idee um ihrer selbst willen
zu verwirklichen; aber das ist vielleicht doctrinärer
Idealismus, und ich will es dem praktischen Politiker
und Staatsmann nicht verdenken, wenn er eine solche
Zumuthung achselzuckend abweist. Aber eben darum
habe ich ihm gegenüber die praktische Seite der Frage
hervorgekehrt, für die er das volle Verständniss hat.
Die Idee des Rechts und das Interesse des Staates gehen
hier Hand in Hand. Einem schlechten Recht ist auf die
Dauer kein noch so gesundes Rechtsgefühl gewachsen,
es stumpft sich ab, verkümmert, verkommt. Denn das
Wesen des Rechts ist, wie schon öfter bemerkt, die
That, — was der Flamme die freie Luft, ist dem
Rechtsgefühl die Freiheit der That; ihm dieselbe verwehren oder verkümmern heisst es ersticken.

———

Ich könnte hiermit meine Schrift abschliessen, denn
mein Thema ist erschöpft. Der Leser aber möge mir
verstatten, dass ich seine Aufmerksamkeit noch für eine
Frage in Anspruch nehme, die mit dem Gegenstand der
Schrift eng zusammenhängt, es ist die: in wie weit

unser heutiges Recht oder genauer das heutige gemeine
römische Recht, über das allein ich mir getraue ein
Urtheil abzugeben, den von mir im Bisherigen entwickelten Anforderungen entspricht. Ich nehme keinen
Anstand, diese Frage mit aller Entschiedenheit zu ver-
neinen. Dasselbe bleibt hinter den berechtigten Ansprüchen eines gesunden Rechtsgefühls weit zurück,
und zwar nicht etwa, weil es bloss hie und da nicht
das Richtige getroffen hätte, sondern weil es im Ganzen
und Grossen von einer Anschauungsweise beherrscht ist,
die zu dem, was nach meinen obigen Ausführungen
gerade das Wesen des gesunden Rechtsgefühls ausmacht
— ich meine damit jenen Idealismus, der in der Rechtsverletzung nicht bloss einen Angriff auf das Object,
sondern auf die Person selber erblickt — in diametralem
Gegensatze steht. Unser gemeines Recht bietet diesem
Idealismus nicht die geringste Unterstützung; der Massstab, mit dem es alle Rechtsverletzungen, mit Ausnahme
der Ehrenkränkung, misst, ist lediglich der des materiellen Werthes — es ist der nüchterne, platte Materialismus, der in demselben zur vollendeten Ausprägung
gelangt ist.

Aber was soll das Recht dem Verletzten anders
gewähren, wenn es sich um Mein und Dein handelt, als
das Streitobject oder seinen Betrag?*) Wäre das richtig,
so könnte man auch den Dieb entlassen, wenn er die

---

*) So habe ich selbst früher die Sache angesehen, s.
mein Schuldmoment im römischen Privatrecht, Giessen 1867,
S. 61. (Vermischte Schriften, Leipzig 1879, S. 229.) Dass
ich jetzt darüber anders denke, verdanke ich der längeren
Beschäftigung mit dem gegenwärtigen Thema.

gestohlene Sache herausgegeben hat. Aber der Dieb, wendet man ein, vergeht sich nicht bloss gegen den Bestohlenen, sondern auch gegen die Gesetze des Staats, gegen die Rechtsordnung, gegen das Sittengesetz. Thut das der Schuldner weniger, der wissentlich das gegebene Darlehn in Abrede stellt, oder der Verkäufer, der Vermiether, der den Vertrag bricht, der Mandatar, der das Vertrauen, das ich ihm geschenkt habe, dazu missbraucht, mich zu übervortheilen? Ist es eine Genugthuung für mein verletztes Rechtsgefühl, wenn ich von allen diesen Personen nach langem Kampfe nichts weiter erhalte, als was mir von Anfang an gebührte? Aber ganz abgesehen von diesem Verlangen nach Genugthuung, das ich keinen Anstand nehme für ein ganz berechtigtes anzuerkennen, welche Verrückung des natürlichen Gleichgewichtes zwischen beiden Parteien! Die Gefahr, die der ungünstige Ausgang des Processes ihnen droht, besteht für die eine darin, dass sie das Ihrige verliert, für die andere bloss darin, dass sie das unrechtmässiger Weise Vorenthaltene herausgeben muss, der Vortheil, den der günstige Ausgang ihnen in Aussicht stellt, für die eine darin, dass sie Nichts einbüsst, für die andere darin, dass sie sich auf Kosten des Gegners bereichert. Heisst das nicht geradezu, die schamlose Lüge herausfordern und eine Prämie auf Begehung von Treulosigkeiten setzen? Damit habe ich aber in der That nur unser heutiges Recht gekennzeichnet.

Können wir das römische Recht dafür verantwortlich machen.

Ich unterscheide in dieser Beziehung drei Entwicklungsstufen desselben: die erste die des in seiner

Heftigkeit noch völlig masslosen, nicht zur Selbst-
beherrschung gelangten Rechtsgefühls im älteren Recht,
— die zweite die der massvollen Kraft desselben im
mittleren Recht — die dritte die der Abschwächung
und Verkümmerung desselben in der späteren Kaiserzeit, speciell im Justinianischen Recht.

Ueber die Gestalt, welche die Sache auf jener nieder-
sten Entwicklungsstufe an sich trägt, habe ich bereits
früher Untersuchungen angestellt und veröffentlicht,*)
deren Resultat ich hier in wenig Worte zusammendränge.
Das reizbare Rechtsgefühl der älteren Zeit erfasst jede
Verletzung oder Bestreitung des eigenen Rechts unter
dem Gesichtspunkte des subjectiven Unrechts, ohne dabei die Schuldlosigkeit oder das Mass der Verschuldung
des Gegners in Anschlag zu bringen, und verlangt dementsprechend eine Sühne gleichmässig von dem Unschuldigen wie dem Schuldigen. Wer die klare Schuld
(*nexum*) oder die von ihm dem Gegner zugefügte Sach-
beschädigung in Abrede stellt, zahlt im Unterliegungs-
falle das Doppelte, ebenso hat, wer im Vindications-
process als Besitzer die Früchte gezogen, dieselben
doppelt zu vergüten, während ihn ausserdem noch für
das Unterliegen in der Hauptsache der Verlust des
Processwettgeldes (*sacramentum*) trifft. Dieselbe Strafe
erleidet der Kläger, wenn er den Process verliert, denn
er hat fremdes Gut in Anspruch genommen; hat er sich
in dem Betrage der eingeklagten, im übrigen völlig
begründeten Schuld um ein Minimum geirrt, so verwirkt
er den ganzen Anspruch.**)

*) In meiner in der vorigen Note citirten Schrift, S. 8—20.
**) Andere Beispiele s. S. 14 daselbst.

Von diesen Einrichtungen und Sätzen des älteren Rechts ist Manches in das neuere hinübergenommen, aber die selbstständigen neuen Schöpfungen desselben athmen einen völlig anderen Geist.*) Er lässt sich mit Einem Wort charakterisiren: Aufstellung und Anwendung des Massstabes der Verschuldung auf alle Verhältnisse des Privatrechts. Das objective und das subjective Unrecht werden streng geschieden, ersteres zieht bloss die einfache Restitution des schuldigen Gegenstandes, dieses ausserdem noch eine Strafe nach sich, bald eine Geldstrafe, bald Ehrlosigkeit, und gerade diese Beibehaltung der Strafen innerhalb der richtigen Grenzen ist einer der gesundesten Gedanken des mittleren römischen Rechts. Dass ein Depositar, der die Treulosigkeit begangen hatte, das Depositum abzuläugnen oder vorzuenthalten, dass der Mandatar oder Vormund, der seine Vertrauensstellung zu seinem eigenen Vortheil ausgebeutet oder seine Pflicht wissentlich hintangesetzt hatte, sich mit blosser Herausgabe der Sache oder einfachem Schadenersatz sollte loskaufen können, wollte dem Römer nicht in den Sinn, er verlangte ausserdem noch eine Bestrafung desselben, einmal als Genugthuung des verletzten Rechtsgefühls und sodann zum Zweck der Abschreckung Anderer von ähnlichen Schlechtigkeiten. Unter den Strafen, die man in Anwendung brachte, stand oben an die Infamie — in den römischen Verhältnissen eine der schwersten, die sich denken liess, denn sie zog ausser der socialen Aechtung, die sie herbeiführte, den Verlust aller poli-

---

*) Darüber handelt der zweite Abschnitt der obigen Schrift S. 20 u. f.

tischen Rechte nach sich: den politischen Tod. Sie
trat überall ein, wo die Rechtsverletzung sich als besondere Treulosigkeit charakterisiren liess. Dazu kamen
die Vermögensstrafen, von denen man einen ungleich
ausgiebigeren Gebrauch machte als bei uns. Wer in
ungerechter Sache es zum Process kommen liess oder
selber ihn erhob, für den war ein ganzes Arsenal von
derartigen Schreckmitteln in Bereitschaft; sie begannen
mit Bruchtheilen des Werthes des Streitobjects ($\frac{1}{10}$,
$\frac{1}{6}$, $\frac{1}{4}$, $\frac{1}{8}$), stiegen bis zum mehrfachen desselben und
steigerten sich unter Umständen, wo der Trotz des
Gegners in keiner andern Weise zu brechen war, sogar
in's Unbegrenzte, d. h. auf den Betrag, den der Kläger
eidlich als Genugthuung festzustellen für gut fand. Insbesondere waren es zwei processualische Einrichtungen,
die dem Beklagten die Alternative stellten, entweder
ohne weitere nachtheilige Folgen von seinem Unter-
fangen abzustehen, oder aber sich der Gefahr auszu-
setzen, einer absichtlichen Uebertretung des Gesetzes
schuldig befunden und demzufolge bestraft zu werden:
die prohibitorischen Interdicte des Prätors und die
actiones arbitrariae. Leistete er dem Gebot, das der
Magistrat oder Richter an ihn richtete, keine Folge, so
lag darin eine Unbotmässigkeit, Widersetzlichkeit; es
stand fortan nicht mehr lediglich das Recht des Klägers,
sondern zugleich das Gesetz in der Auctorität seiner
Vertreter in Frage, und die Missachtung desselben
ward durch Geldstrafen gesühnt, die dem Kläger zu-
gute kamen.

Der Zweck aller dieser Strafen war derselbe wie
der der Strafe im Criminalrecht. Einmal nämlich der

rein praktische, die Interessen des Privatlebens auch
gegen solche Verletzungen sicherzustellen, die nicht
unter den Begriff des Verbrechens fallen, sodann aber
auch der ethische, dem verletzten Rechtsgefühl Genugthuung zu verschaffen, die missachtete Autorität des
Gesetzes wieder zu Ehren zu bringen. Das Geld war
also dabei nicht Selbstzweck, sondern nur Mittel zum
Zweck.*)

In meinen Augen ist diese Gestalt der Sache im
mittleren römischen Rechte eine mustergültige. Gleich
weit entfernt von dem Extrem des älteren Rechts, welches das objective Unrecht über den Leisten des subjectiven schlug, sowie von dem entgegengesetzten unseres
heutigen, welches im Civilprocess das subjective ganz
auf das Niveau des objectiven herabgedrückt hat, gewährte es den berechtigten Forderungen eines gesunden
Rechtsgefühls volle Befriedigung, indem es nicht bloss
beide Arten des Unrechts streng aus einander hielt,

---

*) In besonders scharfer Weise ist dies accentuirt bei
den sog. *actiones vindictam spirantes.* Der ideale Gesichtspunkt, dass es sich bei ihnen nicht um Geld und Gut, sondern um eine Satisfaction des verletzten Rechts- und Per-
sönlichkeitsgefühls handelt („magis vindictae, quam pecuniae
habet rationem", l. 2, § 4 de coll. bon. 37, 6) ist mit voller
Consequenz durchgeführt. Darum werden sie den Erben versagt, darum können sie nicht cedirt und im Fall des Con-
curses nicht von den Massegläubigern angestellt werden,
darum erlöschen sie in verhältnissmässig kurzer Zeit, darum
finden sie nicht statt, wenn sich gezeigt hat, dass der Verletzte das gegen ihn begangene Unrecht gar nicht empfunden hat („ad animum suum non revocaverit", l. 11,
§ 1 de injur. 47, 10).

sondern innerhalb des Rahmens des subjectiven alle
Schattirungen desselben in Bezug auf die Form, die
Art, das Gewicht der Verletzung mit feinstem Ver-
ständniss zu unterscheiden verstand.

Indem ich mich der letzten Entwicklungsstufe des
römischen Rechts, wie sie in der Justinianischen Com-
pilation ihren Abschluss gefunden hat, zuwende, drängt
sich mir unwillkürlich die Bemerkung auf, von welcher
Bedeutung doch wie für das Leben des Einzelnen so
auch für das der Völker das Erbrecht ist. Was wäre
das Recht dieser sittlich und politisch gänzlich ver-
kommenen Zeit, wenn sie selber es hätte schaffen sollen!
Aber gleichwie so mancher Erbe, der durch eigene Kraft
sich kaum nothdürftig das Leben würde fristen können,
von dem Reichthum des Erblassers lebt, so zehrt auch
ein mattes, heruntergekommenes Geschlecht noch lange
von dem geistigen Kapital der vorhergehenden kraft-
vollen Zeit. Ich meine dies nicht bloss in dem Sinn,
dass es ohne eigne Mühe die Früchte fremder Arbeit
geniesst, sondern vornehmlich in dem Sinn, dass die
Werke, Schöpfungen, Einrichtungen der Vergangenheit,
wie sie aus einem bestimmten Geist hervorgegangen
sind, so auch denselben noch eine gewisse Zeit hindurch
zu erhalten und neu zu erzeugen vermögen; es steckt
in ihnen ein Vorrath gebundener Kraft, die sich bei
dem persönlichen Contact mit ihnen wieder in lebendige
Kraft umsetzt. In diesem Sinn konnte auch das Privatrecht der Republik, in dem sich das kernige, kräftige
Rechtsgefühl des altrömischen Volks objectivirt hatte,
der Kaiserzeit noch eine geraume Weile den Dienst
einer belebenden und erfrischenden Quelle leisten; es

war in der grossen Wüste der späteren Welt die Oase, in der allein noch frisches Wasser quoll. Aber dem versengenden Samumhauch des Despotismus war auf die Dauer kein selbstständiges Leben gewachsen, und das Privatrecht allein vermochte einen Geist nicht zu bannen und zu behaupten, der überall sonst geächtet war, — er wich auch hier, wenn gleich zu allerletzt, dem Geist der neuen Zeit. .Er hat eine seltsame Signatur, dieser Geist der neuen Zeit! Man sollte erwarten, dass er die Züge des Despotismus an sich trüge; Strenge, Härte, Rücksichtslosigkeit; allein sein Gesichtsausdruck ist der gerade entgegengesetzte: Milde und Menschlichkeit. Aber diese Milde selber ist eine despotische, sie raubt dem Einen, was sie dem Andern schenkt — es ist die Milde der Willkür und Laune, nicht die des Charakters — der Katzenjammer der Gewaltthätigkeit, die das Unrecht, das sie begangen hat, durch ein anderes wieder gut zu machen sucht. Es ist nicht dieses Orts, alle einzelnen Belege, welche sich für diese Behauptung darbieten, aufzuzählen,*) es genügt in meinen Augen, wenn ich einen besonders significanten und ein reiches historisches Material in sich schliessenden Charakterzug hervorhebe, es ist dies die dem Schuldner auf Kosten des Gläubigers bewiesene Milde und Nachsicht.**) Ich glaube,

---

*) Zu ihnen gehört u. a. die Beseitigung der schärfsten der Processstrafen (s. meine Schrift S. 58) — die gesunde Strenge der alten Zeit missfiel der weichlichen Schwäche der spätern.

**) Belege dazu bieten die Bestimmungen Justinians, wodurch er den Bürgen die Einrede der Vorausklage, den Correalschuldnern die Einrede der Theilung gewährt, für

dass man die ganz allgemeine Bemerkung aufstellen kann: es ist das Zeichen einer schwachen Zeit mit dem Schuldner zu sympathisiren. Sie selber nennt das

---

den Verkauf des Pfandes die unsinnige Frist von zwei Jahren festsetzt und dem Schuldner nach erfolgtem Eigenthumszuschlag des Pfandes noch eine zweijährige Einlösungsfrist, ja sogar nach Ablauf derselben noch einen Anspruch auf den Mehrerlös der vom Gläubiger verkauften Sache vorbehält; die ungebührliche Ausdehnung des Compensationsrechts, die *datio in solutum*, sowie das Privilegium der Kirchen bei derselben, die Beschränkung der Interessenklagen bei contractlichen Verhältnissen auf das Doppelte, die widersinnige Ausdehnung des Verbots der *usurae supra alterum tantum*, die dem Erben beim *benef. inventarii* eingeräumte paschamässige Stellung in Bezug auf die Befriedigung der Gläubiger. Der durch Majoritätsbeschluss der Gläubiger zu erzwingenden Stundung, die ebenfalls von Justinian herrührt, war bereits als würdiges Vorbild das zuerst bei Constantin auftauchende Institut der Moratorien vorausgegangen, und auch an der *querela non numeratae pecuniae* und der sog. *cautio indiscreta* sowie an der *lex Anastasiana* muss er das Verdienst der Erfindung seinen Vorgängern im Reich überlassen, während der Ruhm, als der Erste auf dem Thron die Personalexecution in ihrer ganzen angeblichen Unmenschlichkeit erkannt und vom Standpunkt der Humanität aus geächtet zu haben, Napoleon III. gebührt. Freilich hat derselbe an der trocknen Guillotine in Cayenne keinen Anstoss genommen, so wenig wie die späteren römischen Kaiser daran, den völlig unschuldigen Kindern der Hochverräther ein Loos zu bereiten, das sie selber mit den Worten charakterisiren: „ut his perpetua egestate sordentibus sit et mors solatium et vita supplicium" (l 5 Cod. ad leg. Jul. maj. 9, 8), — um so schöner stach dagegen die Humanität gegen die Schuldner ab! Es gibt keine bequemere Manier, sich mit der Menschlichkeit ab-

6*

Humanität. Eine kräftige Zeit sorgt vor Allem dafür, dass der Gläubiger zu seinem Recht komme, und scheut auch die Strenge gegen den Schuldner nicht, wenn sie nöthig ist, um die Sicherheit des Verkehrs, Vertrauen und Credit aufrecht zu erhalten.

Und nun schliesslich unser heutiges römisches Recht! Fast möchte ich bedauern, desselben Erwähnung gethan zu haben, denn ich habe mich damit in die Lage versetzt, ein Urtheil über dasselbe aussprechen zu müssen, ohne es an dieser Stelle ganz so, wie ich es wünschte, begründen zu können. Aber mit meinem Urtheil selber will ich wenigstens nicht zurückhalten.

Wenn ich dasselbe in wenig Worte zusammendrängen soll, so setze ich den eigenartigen Charakter der gesammten Geschichte und Geltung des modernen römischen Rechts in das eigenthümliche, durch die Verhältnisse selber allerdings bis zu einem gewissen Grade nothwendig gemachte Uebergewicht der blossen Gelehrsamkeit über alle jene Factoren, welche sonst die Gestaltung und Entwicklung des Rechts bestimmen: das nationale Rechtsgefühl, die Praxis, die Gesetzgebung. Ein fremdes Recht in fremder Sprache, eingeführt durch die Gelehrten und nur ihnen vollständig zugänglich und von vornherein dem Gegensatz und Wechsel zweier

---

zufinden, als auf fremde Kosten! Auch das privilegirte Pfandrecht, welches Justinian der Ehefrau einräumte, entstammte jenem humanen Zuge seines Herzens, über den er selber nicht umhin kann bei jeder neuen Anwandlung sich höchlich zu beglückwünschen; aber es war die Humanität des heiligen Crispinus, der den Reichen das Leder stahl, um den Armen Stiefel daraus zu machen.

ganz verschiedenartiger, oft sich selber gegenseitig be-
kämpfender Interessen ausgesetzt — ich meine das der
rein unbefangenen historischen Erkenntniss und das der
praktischen Accommodirung und Fortbildung des Rechts—
dem gegenüber eine Praxis ohne die nötihge Kraft der
vollen geistigen Beherrschung des Stoffes und daher
zur dauernden Abhängigkeit von der Theorie, d. h. zur
Unmündigkeit verdammt, der Particularismus in der
Rechtsprechung wie in der Gesetzgebung dominirend über
die schwachen, wenig entwickelten Ansätze zur Centrali-
sation. Kann es uns Wunder nehmen, dass zwischen dem
nationalen Rechtsgefühl und einem solchen Recht ein klaf-
fender Riss sich aufthat, dass das Volk sein Recht, und
das Recht das Volk nicht verstand? Einrichtungen und
Sätze, die in Rom bei den dortigen Verhältnissen und
Gewohnheiten verständig gewesen waren, gestalteten
sich hier bei gänzlichem Wegfall ihrer Voraussetzungen
geradezu zum Fluch, und nie, so lange die Welt steht,
mag eine Rechtsprechung so sehr im Volk den Glauben
und das Vertrauen zum Recht erschüttert haben wie
diese. Was soll der einfache, gesunde Verstand des
Laien dazu sagen, wenn er mit einem Schein vor den
Richter tritt, in dem sein Gegner bekennt, ihm hundert
Gulden schuldig geworden zu sein, dass der Richter den
Schein als sog. *cautio indiscreta* für unverbindlich erklärt, oder dazu, dass ein Schein, der ausdrücklich das
Darlehen als Schuldgrund nennt, vor Ablauf von zwei
Jahren keine Beweiskraft hat?

Doch ich will mich nicht in Einzelheiten ergehen;
wo wäre das Ende davon abzusehen? Ich beschränke
mich vielmehr darauf, zwei Verirrungen unserer gemein-

rechtlichen Jurisprudenz — ich kann sie nicht anders bezeichnen — namhaft zu machen, die principieller Natur sind,
und die eine wahre Saat des Unrechts in sich schliessen.

Die eine besteht darin, dass der modernen Jurisprudenz der oben von mir entwickelte einfache Gedanke,
dass es sich bei einer Rechtsverletzung nicht bloss um
den Geldwerth, sondern um eine Genugthuung des verletzten Rechtsgefühls handelt, völlig abhanden gekommen ist. Ihr Massstab ist ganz der des platten, öden
Materialismus: das blosse Geldinteresse. Ich erinnere
mich von einem Richter gehört zu haben, der bei ge-
ringem Betrage des Streitobjekts, um des lästigen Processes überhoben zu sein, dem Kläger Zahlung aus
eigener Tasche offerirte und höchst entrüstet war, wie
derselbe dies Anerbieten zurückwies. Dass es dem
Kläger um sein Recht, nicht um sein Geld zu thun sei,
wollte diesem Manne des Rechts nicht in den Kopf, und
wir rechnen es ihm nicht zur hohen Schuld an: er
konnte den Vorwurf von sich abwälzen auf die Wissenschaft. Die Geldcondemnation, die in den Händen des
römischen Richters das ausreichendste Mittel gewährte,
dem idealen Interesse der Rechtsverletzung gerecht zu
werden,*) hat sich unter dem Einfluss unserer modernen
Beweistheorie zu einem der trostlosesten Nothbehelfe
gestaltet, mit denen die Gerechtigkeit je dem Unrecht

---

*) Weiter ausgeführt von mir in einer Abhandlung in
meinen Jahrbüchern, B. 18, Nr. I. Es war dieselbe Weise,
in der im richtigen Tact heutzutage die französischen Gerichte die Geldcondemnation zur Anwendung bringen, im
vortheilhaften Gegensatz zu der völlig verkehrten Manier,
in der dies durch unsere deutschen Gerichte geschieht.

zu steuern versucht hat. Man verlangt vom Kläger, dass er sein Geldinteresse beweise, genau bis auf Heller und Pfennig. Man sehe zu, was aus dem Rechtsschutz wird, wenn ein Geldinteresse nicht existirt! Der Vermiether verschliesst dem Miether den Garten, an dem letzterer contractlich das Mitbenutzungsrecht hat; er beweise einmal den Geldwerth, den der Aufenthalt in einem Garten hat! Oder Ersterer vermiethet die Wohnung, bevor der Miether sie bezogen, einem Andern, und Jener muss sich ein halbes Jahr lang mit dem elendesten Unterkommen behelfen, bis er eine andere Wohnung findet. Der Gastwirth weist dem Gast, dem er telegraphisch ein Zimmer zugesagt hat, die Thür, und letzterer kann in der Nacht stundenlang umherirren, um ein nothdürftiges Unterkommen zu finden. Das setze man einmal in Geld an, oder richtiger man versuche einmal, was man dafür vor Gericht vergütet bekommt! Bei uns in Deutschland nichts, denn der deutsche Richter kommt über das theoretische Bedenken nicht hinweg, dass Unannehmlichkeiten, und wären sie noch so gross, sich nicht in Geld anschlagen lassen, während dies dem französischen Richter nicht die mindesten Scrupel verursacht. Ein Privatlehrer, der ein Engagement bei einem Privatinstitut angenommen, findet nachher einen vortheilhafteren Platz und wird contractbrüchig, ein anderer an seiner Stelle ist zunächst nicht zu haben. Es deducire Einer den Geldwerth davon, dass die Schüler mehrere Wochen oder Monate hindurch keinen Unterricht in der französischen Sprache oder im Zeichnen genossen haben, oder wie hoch der Geldschaden des Vorstehers des Instituts sich belaufe. Eine Köchin verlässt ohne Grund den Dienst und versetzt, da ein Ersatz am Ort nicht zu haben ist, dadurch die Herrschaft in die grösste Noth; beweise Einer den Geldwerth dieses Nothstandes. In allen diesen Fällen ist man nach dem gemeinen Recht völlig hülflos, denn die Hülfe, welche das Recht dem Berechtigten bietet, setzt einen Beweis voraus, der regelmässig gar nicht zu erbringen ist. Und selbst wenn er noch so leicht zu erbringen wäre, würde doch der Anspruch auf den blossen Geldwerth nicht ausreichen, dem Unrecht von der andern Seite wirksam zu steuern. Es ist das also geradezu ein Zustand der Rechtlosigkeit. Nicht das Ungemach, in das man dadurch geräth, ist das Drückende und Verletzende dabei, sondern das bittere Gefühl, dass das gute Recht mit Füssen getreten werden kann, ohne dass es dagegen eine Hülfe gibt.

Das römische Recht darf man für diesen Mangel nicht verantwortlich machen, denn, obschon dasselbe stets an dem Grundsatz festgehalten hat, dass das Endurtheil nur auf Geld gestellt werden könne, so hat es doch die Geldcondemnation in einer Weise zur Anwendung zu bringen verstanden, dass dadurch nicht bloss das Geldinteresse, sondern auch alle andern berechtigten Interessen einen wirksamen Schutz erhielten. Die Geldcondemnation war das civilistische Pressionsmittel des Richters, um seinen Geboten Nachachtung zu sichern; ein Beklagter, der sich weigerte zu thun, was der Richter ihm auferlegte, kam nicht mit dem blossen Geldwerth der schuldigen Leistung davon, sondern die Geldcondemnation nahm hier den Charakter einer Strafe an, und eben dieser Erfolg des Processes verschaffte

dem Kläger etwas, woran ihm unter Umständen un-
endlich viel mehr lag als an dem Gelde, nämlich
die moralische Genugthuung für die frivole
Rechtsverletzung. Dieser Gedanke der Genugthuung
ist der modernen Theorie des römischen Rechts gänzlich
fremd, sie hat für ihn kein Verständniss, sie kennt
nichts weiter als den Geldwerth der unterbliebenen
Leistung.

Mit dieser Unempfänglichkeit unseres heutigen
Rechts für das ideale Interesse der Rechtsverletzung
hängt auch die Beseitigung der römischen Privatstrafen
durch die moderne Praxis zusammen. Den treulosen
Depositar oder Mandatar trifft bei uns keine Infamie
mehr; die grösste Schurkerei, sofern sie nur das Straf-
gesetz geschickt zu vermeiden versteht, geht heutzutage
völlig frei und straflos aus.*) Dagegen figuriren in den
Lehrbüchern allerdings noch die Geldstrafen und die
Strafen des frivolen Läugnens, aber in der Rechtsprechung
kommen dieselben kaum mehr vor. Was heisst das
aber? Nichts anders, als dass bei uns das subjective
Unrecht auf die Stufe des objectiven herabgedrückt ist.
Zwischen dem Schuldner, der in schamloser Weise das
ihm gegebene Darlehen in Abrede stellt, und dem Erben,

---

*) Man erinnere sich, dass ich von dem heutigen rö-
mischen Recht (S. 84) rede. Wenn ich dies an der gegenwärtigen Stelle noch besonders einschärfe, so geschieht es,
weil mir von einer Seite der Vorwurf gemacht worden ist,
ich hätte bei der obigen Ausstellung im Text das deutsche
Reichsstrafgesetzbuch § 246, 266 vergessen. Dass ich das
heutige römische Recht einer Kritik unterwerfen wollte,
hatte der Mann fünf Seiten später bereits vergessen!

der dies *bona fide* thut, zwischen dem Mandatar, der mich betrogen, und dem, der sich bloss versehen, kurz zwischen der absichtlichen frivolen Rechtskränkung und der Unkenntniss oder dem Versehen kennt unser heutiges Recht keinen Unterschied mehr — es ist überall nur das nackte Geldinteresse, um das der Process sich dreht. Dass die Wage der Themis auch im Privatrecht ganz so wie im Strafrecht das Unrecht wägen soll, nicht das blosse Geld, ist ein Gedanke, der von unserer heutigen juristischen Vorstellungsweise so fern abliegt, dass ich, indem ich es wage, ihn auszusprechen, den Einwand gewärtigen muss: gerade darin bestehe ja der Unterschied zwischen Strafrecht und Privatrecht. Für das heutige Recht? Ja; ich füge hinzu: leider! Für das Recht an sich? Nein! Denn man soll mir noch erst beweisen, dass es irgend ein Gebiet des Rechts gibt, auf dem die Idee der Gerechtigkeit sich nicht in ihrem vollen Umfange verwirklichen dürfe, die Idee der Gerechtigkeit aber ist unzertrennlich von der Durchführung des Gesichtspunktes der Verschuldung.

Die zweite der oben genannten wahrhaft verhängnissvoll gewordenen Verirrungen der modernen Jurisprudenz besteht in der von ihr aufgestellten Beweistheorie.*) Man möchte glauben, dass dieselbe bloss zu dem Zweck erfunden worden sei, um das Recht zu vereiteln. Wenn alle Schuldner der Welt sich verschworen

---

*) Man erinnere sich, dass die folgende Ausführung sich auf unsern gemeinrechtlichen Process bezieht, der zur Zeit, als diese Schrift zuerst erschien (1872), noch bestand, und von dem uns erst die Civilprocessordnung für das deutsche Reich (Gesetzeskraft seit 1. Oct. 1879) erlöst hat.

hätten, die Gläubiger um ihr Recht zu bringen, sie
hätten zu dem Zweck kein wirksameres Mittel zu Tage
fördern können, als unsere Jurisprudenz es mittelst jener
Beweistheorie gethan hat. Kein Mathematiker kann
eine exactere Methode des Beweises aufstellen, als unsere
Jurisprudenz sie zur Anwendung bringt. Den Höhepunkt des Unverstandes erreicht dieselbe in den Schaden-
ersatzprocessen und Interessenklagen. Der grauenhafte
Unfug, der hier, um mich der Wendung eines römischen
Juristen*) zu bedienen, „unter dem Schein des Rechts
mit dem Recht selber getrieben wird", und der wohl-
thätige Contrast, den dazu die verständige Weise der
französichen Gerichte bildet, ist in mehreren neueren
Schriften in so drastischer Weise geschildert worden,
dass ich mich aller weitern Worte enthalten kann; nur
das eine kann ich nicht unterdrücken: Wehe bei solchem
Process dem Kläger, wohl dem Beklagten!

Fasse ich Alles zusammen, was ich bisher gesagt
habe, so möchte ich diesen letztern Ausruf überhaupt
als die Parole unserer modernen Jurisprudenz und Praxis
bezeichnen. Sie ist auf dem Wege, den Justinian ein-
geschlagen, rüstig fortgeschritten; der Schuldner, nicht
der Gläubiger ist es, dessen sie sich glaubt annehmen
zu müssen: lieber hundert Gläubigern offenbar Unrecht
thun, als möglicher Weise einen Schuldner zu streng
behandeln.

Ein Unkundiger sollte kaum glauben, dass diese

---

*) Paulus in l. 91, § 3 de V. O. (45, 1) .. *in quo genere
plerumque sub autoritate juris scientiae perniciose erratur;*
der Jurist hatte hier eine andere Verirrung im Auge.

partielle Rechtlosigkeit, welche wir der verkehrten
Theorie der Civilisten und Processualisten verdanken,
noch einer Steigerung fähig gewesen wäre, und doch
wird selbst sie noch überboten durch eine Verirrung
früherer Criminalisten, die sich geradezu als ein Attentat
gegen die Idee des Rechts und als die grauenhafteste
Versündigung gegen das Rechtsgefühl bezeichnen lässt,
welche wohl jemals von Seiten der Wissenschaft begangen worden ist. Ich meine die schmähliche Verkümmerung des Rechtes der Nothwehr, jenes Urrechtes
des Menschen, das, wie Cicero sagt, ein dem Menschen
angeborenes Gesetz der Natur selber ist, und von dem
die römischen Juristen naiv genug waren zu glauben,
dass es in keinem Rechte der Welt versagt sein könne.
(„*Vim vi repellere omnes leges omniaque jura per-
mittunt.*") In den letzten Jahrhunderten und selbst
noch in unserm Jahrhundert hätten sie sich vom Gegentheil überzeugen können! Zwar im Princip erkannten
die gelehrten Herren dieses Recht an, aber von gleicher
Sympathie für den Verbrecher beseelt, wie die Civilisten
und Processualisten für den Schuldner, suchten sie es
in der Ausübung in einer Weise zu beschränken und
zu beschneiden, dass in den meisten Fällen der Verbrecher geschützt, der Angegriffene schutzlos ward.
Welcher Abgrund von Verkommenheit des Persönlich-
keitsgefühls, von Unmännlichkeit, von gänzlicher Entartung und Abgestumpftheit des einfachen, gesunden
Rechtsgefühls öffnet sich, wenn man in die Literatur
dieser Lehre hinabsteigt*) — man möchte glauben, in

---

*) Sie findet sich zusammengestellt in der Schrift von
K. Levita: Das Recht der Nothwehr, Giessen 1856, S. 158 u. f.

eine Gesellschaft sittlicher Castraten versetzt zu sein! Der Mann, dem eine Gefahr oder eine Ehrenbeleidigung droht, soll sich zurückziehen, fliehen*) — es ist also die Pflicht des Rechts, dem Unrecht das Feld zu räumen — und nur darüber waren die Weisen uneins, ob auch Officiere, Adelige und höhere Standespersonen fliehen müssten**) — ein armer Soldat, der in Befolgung dieser Weisung sich zwei Mal retirirt, zum dritten Mal aber, von seinem Gegner verfolgt, sich zur Wehr gesetzt und ihn getödtet hatte, ward „sich selber zur heilsamen Lehre, Andern aber zum abschreckenden Exempel" mit dem Schwert vom Leben zum Tode gerichtet!

Leuten von besonders hohem Stande und von hoher Geburt wie auch Officieren soll erlaubt sein, sich zur Vertheidigung ihrer Ehre einer rechtmässigen Nothwehr zu bedienen;***) jedoch, fügt ein Anderer sofort beschränkend hinzu, dürften sie bei bloss wörtlicher Injurie nicht bis zur Tödtung des Gegners vorschreiten. Anderen Personen dagegen und selbst den Staatsbeamten könne man nicht ein Gleiches zugestehen; die Civiljustizbeamten werden damit abgefunden, dass sie als „blosse Gesetzmenschen mit allen ihren Ansprüchen an den Inhalt der Landesrechte verwiesen werden müssten und weiter keine Prätensionen machen könnten". Am schlimmsten kommen die Kaufleute weg. „Kaufleute, selbst die reichsten", heisst es, „machen keine Ausnahme, ihre Ehre sei ihr Credit, sie haben nur so lange Ehre, als sie Geld haben, sie können es füglicherweise

*) Levita a. a. O. S. 237.
**) Daselbst S. 240.
***) Daselbst S. 205 u. 206.

ohne Gefahr, ihre Ehre oder ihren Leumund zu verlieren, dulden, dass sie mit Schimpfnamen belegt werden, und wenn sie zur niedrigeren Classe gehören, einen wenig schmerzhaften Backenstreich und Nasenstüber empfangen." Ist der Unglückliche gar ein gemeiner Bauer oder Jude, so soll er bei Uebertretung dieser Vorschrift mit der ordentlichen Strafe der verbotenen Selbsthülfe belegt werden, während andere Personen nur „möglichst gelinde" bestraft werden sollen.

Besonders erbaulich ist die Art, wie man die Nothwehr zum Zweck der Behauptung des Eigenthums auszuschliessen suchte. Eigenthum, meinten die Einen, sei gerade so wie die Ehre ein ersetzliches Gut, jenes werde durch die *reivindicatio*, diese durch die *actio injuriarum* gewährleistet. Aber wie, wenn der Räuber mit der Sache sich über alle Berge gemacht hat, und man nicht weiss, wer und wo er ist? Die beruhigende Antwort lautet: Der Eigenthümer hat *de jure* immer noch die *reivindicatio*, und „es ist nur die Folge zufälliger, von der Natur des Vermögensrechts selbst ganz unabhängiger Umstände, wenn in einzelnen Fällen die Klage nicht zum Ziele führt".*) Damit mag sich Derjenige trösten, der sein ganzes Vermögen, das er in Werthpapieren bei sich führt, wiederstandslos dahingeben muss; er behält immer noch das Eigenthum und die *reivindicatio*, der Räuber hat nichts als den factischen Besitz! Das erinnert an den Bestohlenen, der sich damit tröstete, dass der Dieb die Gebrauchsanweisung nicht in Händen habe. Andere verstatten in einem Fall, wo es sich um

---

*) Daselbst S. 210.

einen sehr bedeutenden Werth handelt, zwar noth-
gedrungen die Anwendung von Gewalt, aber sie machen
es dem Angegriffenen zur Pflicht, dass er trotz des
höchsten Affectes sehr genau überlege, wie viel Kraft
erforderlich sei, um den Angriff zurückzuweisen —
schlägt er dem Angreifer nutzloser Weise den Hirn-
schädel ein, wo Jemand, der die Stärke des Hirnschädels
vorher genau hätte untersuchen und sich auf das richtige Schlagen gehörig hätte einüben können, ihn durch
einen minder wuchtigen Schlag hätte unschädlich machen
können, so haftet er. Sie denken sich die Lage des
Angegriffenen etwa wie die des Odysseus, der sich zum
Zweikampf mit Iros vorbereitet, Odyssee XVIII, 90 fl.:

Jetzo erwog im Geiste der herrliche Dulder Odysseus:
Ob er ihn schlüge mit Macht, dass er gleich hintaumelte
seellos;
Oder ob sanft er schlüg' und nur auf den Boden ihn streckte.
Dieser Gedanke erschien dem Zweifelnden endlich der beste.

Bei minder werthvollen Gegenständen dagegen, z. B.
einer goldenen Uhr oder einer Börse mit einigen Gulden
oder auch einigen hundert Gulden, soll der Bedrohte
bei Leibe dem Gegner kein Uebles zufügen. Denn was
ist eine Uhr gegen Leib, Leben und heile Gliedmassen?
Das eine ist ein höchst ersetzliches, das andere ein
völlig unersetzliches Gut. Eine unbestreitbare Wahrheit! — — bei der nur die Kleinigkeit übersehen ist,
einmal dass die Uhr dem Angegriffenen, die Gliedmassen dem Räuber gehören, und dass letztere zwar
für ihn einen sehr hohen, für jenen aber gar keinen
Werth haben, und sodann in Bezug auf die völlig unbestreitbare Ersetzlichkeit der Uhr die Frage:

wer sie ersetzt? Etwa der Richter, der ihn darauf
verweist?

Doch genug der gelehrten Thorheit und Verkehrt-
heit! Welch tiefe Beschämung muss es in uns hervor-
rufen, wahrzunehmen, wie jener einfache Gedanke des
gesunden Rechtsgefühls, dass in jedem Recht, sei der
Gegenstand auch nur eine Uhr, die Person selber mit
ihrem ganzen Recht und ihrer ganzen Persönlichkeit
angegriffen und verletzt erscheint, der Wissenschaft in
einer Weise abhanden kommen konnte, dass sie die Preisgabe des eigenen Rechts, die feige Flucht vor dem Unrecht zur Rechtspflicht erheben konnte! Kann es Wunder
nehmen, wenn in einer Zeit, in der solche Ansichten
sich in der Wissenschaft an's Tageslicht wagen durften,
der Geist der Feigheit und apathischen Erduldung des
Unrechts auch die Geschicke der Nation bestimmte?
Wohl uns, die wir erlebt haben, dass die Zeit eine
andere geworden, — solche Ansichten sind jetzt geradezu
eine Unmöglichkeit geworden, sie konnten nur gedeihen
in dem Sumpf eines politisch und rechtlich gleich ver-
kommenen nationalen Lebens.

Mit der soeben entwickelten Theorie der Feigheit,
der Verpflichtung zur Preisgabe des bedrohten Rechts
habe ich den äussersten wissenschaftlichen Gegensatz
zu der von mir vertheidigten Ansicht berührt, welche
umgekehrt den Kampf um's Recht zur Pflicht erhebt.
Nicht ganz so tief, aber immer tief genug unter der
Höhe des gesunden Rechtsgefühls liegt das Niveau
der Ansicht eines neuern Philosophen, Herbart, über
den letzten Grund des Rechts. Er erblickt denselben
in einem, man kann nicht anders sagen, ästhetischen

Motiv: dem Missfallen am Streit. Es ist hier nicht der
Ort, die völlige Unhaltbarkeit dieser Ansicht darzulegen,
ich befinde mich in der glücklichen Lage, dafür auf die
Ausführungen eines Freundes Bezug nehmen zu können.*)
Wäre der ästhetische Standpunkt bei der Würdigung
des Rechts ein berechtigter, ich wüsste nicht, ob ich
das ästhetisch Schöne beim Recht anstatt darein, dass
es den Kampf ausschliesst, nicht vielmehr gerade darein setzen sollte, dass es den Kampf in sich schliesst.
Wer den Kampf als solchen ästhetisch unschön findet,
wobei ja die ethische Berechtigung desselben ganz ausser
Frage gelassen wird, der möge nur die ganze Literatur
und Kunst von Homers Ilias und den Bildnerarbeiten
der Griechen an bis auf unsere heutige Zeit streichen,
denn es gibt kaum einen Stoff, der für sie eine so hohe
Anziehungskraft bewährt hätte als der Kampf in allen
seinen verschiedenen Formen, und denjenigen soll man
noch erst suchen, dem das Schauspiel der höchsten An-
spannung menschlicher Kraft, das die bildende Kunst
und die Dichtkunst in beiden verherrlicht haben, statt
des Gefühls ästhetischer Befriedigung das des ästhetischen Missfallens einflösste. Das höchste und wirksamste Problem für die Kunst und Literatur bleibt
stets das Eintreten des Menschen für die Idee, heisse
die Idee Recht, Vaterland, Glaube, Wahrheit. Dieses
Eintreten aber ist stets ein Kampf.

Allein nicht die Aesthetik, sondern die Ethik hat
uns Aufschluss darüber zu geben, was dem Wesen des

---

*) Jul. Glaser Gesammelte kleinere Schriften über
Strafrecht, Civil- und Strafprocess. Wien 1868, B. I, S. 202 f.

von Ihering, Kampf um's Recht.   7

Rechts entspricht oder widerspricht. Die Ethik aber, weit entfernt, den Kampf um's Recht zu verwerfen, zeichnet ihn den Individuen wie den Völkern da, wo die von mir in dieser Schrift entwickelten Bedingungen vorliegen, als Pflicht vor. Das Element des Kampfes, das Herbart aus dem Rechtsbegriff ausscheiden will, ist sein ureigenstes, ihm ewig innewohnendes — der Kampf ist die ewige Arbeit des Rechts. Ohne Kampf kein Recht, wie ohne Arbeit kein Eigenthum. Dem Satz: „Im Schweisse Deines Angesichts sollst Du Dein Brod essen", steht mit gleicher Wahrheit der andere gegenüber: „Im Kampfe sollst Du Dein Recht finden." Von dem Moment an, wo das Recht seine Kampfbereitschaft aufgibt, gibt es sich selber auf, — auch vom Recht gilt der Spruch des Dichters:

> Das ist der Weisheit letzter Schluss:
> Nur der verdient sich Freiheit wie das Leben,
> Der täglich sie erobern muss.

Buchdruckerei Julius Klinkhardt, Leipzig.